拆掉成长的围墙

——“九年四段”办学探索与实践

李升华　编著

中原出版传媒集团
大地传媒

大象出版社
·郑州·

图书在版编目(CIP)数据

拆掉成长的围墙 :“九年四段”办学探索与实践 / 李升华编著.— 郑州 : 大象出版社 ,2015. 9
ISBN 978-7-5347-8514-6

Ⅰ. ①拆… Ⅱ. ①李… Ⅲ. ①中小学教育—教育研究—北京市 Ⅳ. ①G632. 0

中国版本图书馆 CIP 数据核字(2015)第 168681 号

拆掉成长的围墙——“九年四段”办学探索与实践

李升华 编著

出 版 人 王刘纯
责任编辑 梁金蓝
责任校对 钟 骄
装帧设计 王 敏

出版发行 大象出版社(郑州市开元路 16 号 邮政编码 450044)
发行科 0371-63863551 总编室 0371-65597936
网 址 www.daxiang.cn
印 刷 安阳市泰亨印刷有限责任公司
经 销 各地新华书店经销
开 本 787mm×1092mm 1/16
印 张 13.75
字 数 194 千字
版 次 2015 年 10 月第 1 版 2015 年 10 月第 1 次印刷
定 价 30.00 元
若发现印、装质量问题,影响阅读,请与承印厂联系调换。
印厂地址 安阳市解放路 76 号
邮政编码 455000 电话 0372-5923207

编 委 会

与学生成长规律同频共振（代序）

刘华蓉

好的教育总是相似的，不好的教育总是各有各的问题。

北京市朝阳区陈经纶中学嘉铭分校在“九年四段”办学探索的路上，凝聚了太多好教育的共识——

在这所学校的校长和老师们看来，好教育首先应该是完整的教育，要让学生在学校里度过一种相对完整且始终朝向美好的主题生活。综观当前的教育教学改革现状，单项改革已无法撬动学校的整体变革，学校变革一定是基于顶层设计的整体变革、系统变革。嘉铭分校的全人教育体系使嘉铭教育已经成为一个特色鲜明、融通并进的体系。他们的《全人教育手册》把德育课程和学习过程及评价系统融为一体，体现了在实践中关注全体学生发展，关注学生全程成长，关注学生全面发展，关注学生全学科发展的理念。这种突出完整性的教育实践，带来了创造“完美”的可能。对完美的追求永远在路上，嘉铭教育人的执着探索让人看到了他们对完美教育、美好教育的追求，也提供了普通学校如何实现“不普通发展”的范本。

好的教育是淡化边界的教育。对孩子而言，成长是没有边界的。遗憾的是，一直以来，由于办学体制所限，不同学段被人为割裂，小学的教师不研究幼儿园、初中的教材，初中的教师不了解小学、高中的教学情况，不仅导致知识的衔接性和连续性受到破坏，还使孩子的成长被人为分割。嘉铭分校的“九年四段”办学探索旨在让小学和初中自然过渡，形成一个有序衔接的成长链条。他们的这一探索让人联想到了跨界，也想到了颠覆，当跨界、颠覆思维正在改变社会发展、商业未来的时候，承担人类自身发展重要使命的教育，更需要跨界、颠覆的眼光、思维和勇气。嘉铭分校的教育实践不只是小学和初中之间小小的跨界，也是对传统小学和初中分离的颠覆，已经结出丰硕成果，教育的跨界、颠覆、融合，将带来新的变局和奇迹。

好的教育一定是敢于重建课堂的。有人说，课堂兴则教育兴。课堂应被置于学校教育的最中央，课堂不仅承载着教育的当下，也承载着教育的未来。教育内部所有的改革最终都要发生在课堂上，改革的结果最终都要在课堂上得到印证。嘉铭分校通过“优化课堂”，致力于在课堂上解放学生，成就学生，发展学生。什么是优化了的课堂？校长李升华认为：一定要追求教学目标最明了、教学流程最简洁、教师指导最精辟、学生参与最广泛、学习效果最优化。大道至简，这是让人看得懂的主张，也是学得了的经验。从书稿中，可以清晰地看到，嘉铭分校的“优化课堂”正努力实现教与学的双向互助，让学生真正成为课堂的主人。

好的教育永远是从学生出发，与学生成长规律同频共振的。这应该是嘉铭分校教育实践的逻辑起点。嘉铭分校致力于把学校变成一所学生可以做主的学校，只有把学生和家长变成学校改革的同盟军，改革才能成功。李升华校长说：“所有的改革都只是手段，成人才是目的。”高举“人”字，从学生的角度来思考问题、从学生身心特点来设计学校改革的战略，才是找准了角度，只有与学生成长规律同频共振的教育才是真正的教育。

基于这样的共识，我看好嘉铭分校和李升华所带领的这支团队。也期待有更多的教育同行能走进嘉铭分校的教育现场，在这里发现创新，触摸变革，捕捉感动，相遇美好。

改革永远在路上。“没有比人更高的峰，没有比脚更远的路。”祝愿嘉铭分校的老师和同学们在追求好教育的旅程中攀登得更高、走得更远！

（作者系《中国教师报》总编辑）

目 录

"九年四段"办学综述

陈经纶中学嘉铭分校"九年一贯制"办学实践，以"九年四段"（第一学段一至二年级，第二学段三至五年级，第三学段六至七年级，第四学段八至九年级）学段划分为基本形式，进行了"九年四段"学校管理、校本课程建设、学段课程改革的全方位探索，保证了嘉铭分校优质的教育教学质量，成为北京市朝阳区"九年一贯制"的标杆和典范。

嘉铭分校在学校管理、课程设置方面，立足于学生的阶段性螺旋式提升，为学生营造成长的环境，进行不同阶段的心智培养、情感培养和能力训练，使国家课程充分发挥其增长学识、促进学生发展、提升学生能力的作用。近几年来，嘉铭分校着力于依托国家课程，通过对国家课程的整合，寻找其知识之间的衔接性和连续性，在一至九年级形成一个有序的链条，通过各学科知识点在不同学段的不同要求，使其成为一个体系。通过"九年四段"优化课堂模式教学实践，"九年四段"大教研统一管理，高端下移和学段融通教学，把"九年四段"一体打造落到实处，促进了学生更好地发展和成长，学段教学已成为嘉铭分校的特色，促进了学校办学品质的提升。

嘉铭分校构建了“九年四段”德行教育课程体系，把德行规范和德行发展目标相结合，通过学段德行实践活动，落实学段德行培养目标，通过长短课相结合，校内与校外相融合，使紧张与宽松相生，使教育具有了延展性；在统一的管理和发展目标之下，不同学段的活动和文化，凸显各学段学生社会能力、言行举止、个人修为的不同培养特点，通过集学习品质评价和德行品质评价于一体的《全人教育手册》，让“九年四段”学段衔接成为必然。

一、嘉铭分校“九年四段”办学创新点

1.较科学地把一至九年级划分为四个学段，进行了不同学段的德育课程和教学课程的设计，体现了嘉铭教育的科学性和连续性，并逐年推进、深入、丰富，编写了大量的与学段教育配套的校本教材，使嘉铭分校“九年四段”教育成为学校的办学主张和特色，推动嘉铭分校办学质量居于朝阳之首，成为朝阳“九年一贯制”办学的旗帜。

2.进行了“九年四段”德育课程的思考和实践，构建了嘉铭分校“九年四段”德行教育管理框架，确定了以“德行”为宗旨的“规范立德、正行怀德 、怡情养德 、感恩知德 、励学尚德”学段月活动主题，设计了菜单式学段活动序列，并通过《“九年四段”学生实践活动手册》来完成。完善了“九年四段”德行教育八大课程体系，通过学校活动、家校合作、年级活动、班级活动和社团活动，辅助以学段国学经典课程，让德行教育成为嘉铭教育导向，并具有了连续性和可持续性的教育特色。

3.“九年四段”优化课堂教学改革，以学段校本教材和学习单为支撑，以小组积分为监控手段，回归学科本真的教与学互助方式探究，嘉铭分校学段教学彰显了优质减负、学段贯通、学科交叉、自主提升、能力凸显的特点，全学段全学科优化课堂模式构建已完成，嘉铭课堂教学呈现了全新的面貌。“优化课堂解读”“优化课堂资源库建设”“嘉铭优生培养资源库”“导学案”“学习单”保证了课堂的达标率和实效性，“嘉铭阅读时空”“学科校本教材”开启了全学段全学科“阅读主导”的新学习

时代，填补了学段衔接的空白。

4.《全人教育手册》把德育课程、评价和学习过程、评价融为一体，凸显了全面育人、全过程育人和全员育人的宗旨，并通过“嘉铭百分百课程”及“家校合作课程”，使嘉铭教育成为一个特色鲜明、融通并进的完整体系，保证了嘉铭一流的办学品质。

二、“九年四段”办学解决的主要问题

嘉铭分校“九年四段”办学实践是陈经纶中学建设首都名校的办学责任与办学品质，是科学推进九年基础教育的大胆尝试。“九年四段”无痕衔接办学模式，对学生的发展进行整体规划，分阶段实施，加强教育的衔接，并重点对教育目标、教学方式、教育评价进行阶段衔接设计，实现自然、顺畅、科学贯通的教育，让素质教育落地生根，从根本上解决减负提质和常态优质的问题，实现真正意义上的“以学生为本”。让学生真切感受到自己能力“从小到大”的成长历程，感受到知识增长“从少到多”的积累过程，并对汲取知识有了系统性和前瞻性，使学生在体验学习的快乐中增长人生的本领，得到和谐充分、主动活泼、健康全面的发展。

1.在九年的基础教育中充分发展了学生的综合学力，使学生真正获得生动、活泼、主动的全面发展。

2.更好地实现了“小学低、中、高年级”和“中小学”衔接。

3.通过“九年四段”学生个性化发展和衔接教育的实验，探索了全面推进素质教育的新途径。

4.注重了处理好学生发展和教育的阶段性与连续性问题。

三、解决问题的过程与方法

1.注意处理好各学段的连续性问题

在“九年四段”教育衔接工作中，比较突出的一个问题是过分关注衔接教育的阶段性，而忽视了衔接教育的主体在诸方面的成长都具有其不可忽略的连续性。为此，

我们注重变过去单一侧重中小学教学内容、方法与手段的阶段性，为现在的在新课标要求下既重视中小学教学内容、方法与手段的阶段性，又注重其连续性；变比较单一的环境适应式的衔接教育为包括学科教学的环境设计、学生学习活动的安排、学生良好学习习惯的训练与培养等多元调试式的衔接教育；变短期衔接教育行为为小学阶段全程启动的调试式衔接教育。

比如在科学养成教育的研讨中，制定了各学段的阶段性德育目标。针对一、二学段学生的年龄及认知特点，我们变抽象的德育说教目标为直观、半直观的德育目标，让学生在直观的德育目标中感悟自我，从“被动地学做人”走向“自己做主学做人”。第一学段“做学生、行有礼、学有规、有礼貌、友爱处”，达到感知、规范；第二学段“长学识、会质疑、重养成、广爱好、有诚信”，达到外化、遵从；第三学段“懂规范、爱学习、自管理、有志向、严律己”，达到认同、自律；第四学段“明是非、讲礼仪、勤治学、立志向、有专长”，达到信奉、自觉。

2.注意处理好学生被动式学习与学生生动、快乐、主动学习的关系

如何变被动学习为主动快乐地学习？其实质是如何处理好学生智力与非智力的关系。我们将侧重点放在对学生学习的主动性培养上，注重培养他们好学好思好问、会听善说爱表达、喜好阅读的能力，引导他们正确认识与评价自我，提高他们的学习自信心与主动性，培养他们具有探索精神和创新意识。因此，我们在“九年四段”的办学模式研究中，不同学科设计有具有学科人文性的不同教学活动和实践活动，开发具有针对性的学科教程，比如“六年级音标教程”“三年级实验课程”，更加注重践行“让学生体会学习由自己做主的快乐”“让学生在创造与成功的价值中获得喜悦”等教学理念，最大限度地挖掘学生非智力因素的动力，促进学生情感态度价值观的良性发展。

3.注意处理好传授知识与培养能力的关系

树立起“在培养能力中积累知识”的理念，注重学生能力的培养与生成。嘉铭分校的“优化课堂教学模式”八大体系，关注了不同学科不同学段学生能力培养目标的确定，使教学活动不仅传授知识，更注重不同学段学生探究、合作、操作和知识迁移

等能力的培养，更注重学习的过程与方法，注重自我感悟和认知，使能力发展成为一个渐进过程，为每个学生的发展需求创造与之适应的环境，提供适应其潜能和个性发展的充分的教育条件和机会。

四、“九年四段”办学的发展绩效

嘉铭分校“九年四段”办学探索和实践，通过确立不同学段学生的知识、能力、习惯、认知达标评价体系和课程体系完成由低学段到高学段的有效衔接，并重点强化一年级、四年级、七年级的课程整合，让学生的成长成为主动和积极的过程，让“九年一贯制”的优势最大地发挥出来。

嘉铭分校构建了“九年四段”德行教育管理框架，完善了“九年四段”德行教育课程体系，把德行规范和德行发展目标相结合，通过学段德行实践活动，落实学段德行培养目标，凸显各学段学生社会能力、言行举止、个人修为的不同培养特点。嘉铭分校编写并推广使用的《“九年四段”学生实践活动手册》，为不同学段的学生提供了德行教育六大课程体系的35项菜单式活动内容，让德行教育成为嘉铭教育的主张和导向，并具有了连续性和可持续性的教育特色。

2011年开始进行的“九年四段”优化课堂教学改革，着力于依托国家课程，通过对国家课程的整合，寻找其知识之间的衔接性和连续性，在一至九年级形成一个有序的链条，使学段教学成为嘉铭分校的特色。“学段优化课堂”教学以学段校本教材和学习单为支撑，以小组积分为监控手段，回归学科本真的教与学互助方式探究，学生学习方式的转变激发了学习兴趣，提高了课堂效率，丰富了课堂内涵，提升了学生能力，促进了教师的自我提升，形成了良好的合作教学氛围。3年多的实践，嘉铭分校学段教学彰显了优质减负、学段贯通、学科交叉、自主提升、能力凸显的特点，促进了嘉铭分校教学的可持续发展。

2011年，嘉铭小学部获得朝阳区首批小学素质教育示范校称号；从2012年起连续4年被评为北京市素质教育和评价先进单位；中小学教学考核全优；2013年，获得中国教育盛典“最具幸福感的学校”荣誉称号；2014年小学部朝阳区质量监测位居区170所学校前列，中考成绩连续4年位居朝阳之首。

在嘉铭分校教学质量稳步提升的同时，我们更坚信学校具有的可持续发展力，更欣慰于孩子们的全面发展：2013年、2014年、2015年朝阳区科技创新大赛，嘉铭有近百项项目参赛，占朝阳区参赛总量的近三分之一，分别有20多项晋级市级比赛并获得多项金奖；机器人社团近45人参加世锦赛和亚锦赛，分获金奖，成为北京市获奖最高的代表队；2014年6月参加全国锦标赛，荣获全国总冠军；艺术社团多次获得北京市一、二、三等奖；2013年被评为朝阳区科技示范校。这些成绩来自课堂，来自自主实践的灵感，也是“九年四段”学段教育的辉煌成果。

第一辑

学校工作思考

第一节　学校发展思考

学校管理过程中，管理者要面对很多问题，尤其是学校工作的决策者，我们往往是什么都想干好，什么都想达到一个理想的高度，却常常由事必躬亲、建纲立制、大刀阔斧到心力交瘁、有形无实、偃旗息鼓。如何抓住学校发展中最有效的元素，盘活学校发展的资源，形成学校发展的常态运行机制，是管理者共同的追求。

下面就以陈经纶中学嘉铭分校的发展为例，来谈一下“如何立足学校发展实际，构建‘九年四段’办学模式，打造学段办学特色，提升学校办学品质”的实践和探索。

2011年9月，嘉铭分校开始了以“立足课堂教学，践行常态优质”为核心的教学改革，教学改革依托学校“九年四段”发展目标，根植学段课程管理和教师专业发展要求，开始了“人人参与、人人提升”的教学实践。3年多的时间，依托陈经纶中学的发展，嘉铭分校得到快速提升，成为办学综合实力位居朝阳榜首的优质学校，优化课堂教学特色和德行教育德育工作特色形成了学校独特的办学风格，各项工作齐头并进，成为督导、评价和考核的标杆。

总结学校的发展，作为一个管理者，我们应该做什么？应该怎么做？怎么才是做好了？这是我们经常要审视的问题。嘉铭分校的发展离不开陈经纶中学示范校建设的引领，也有它自己的发展基础，更离不开基于学校发展实际的深入思考和再实践、再思考的执着和坚持。嘉铭分校的教学管理，工作的站位是课堂，我们认为“立足课堂教学的改革才真正给力，占领课堂阵地的做法才是最好的选择”。嘉铭分校教学工作推进的实践让我们形成了这样的共识：嘉铭分校的教育创新是集陈经纶办学理念及一流办学标准和教师人人参与、人人探讨的反复、深入的实践于一体的教育实践。把这三位集于一身，才是真正的教育创新。嘉铭分校的教育创新追求的是课堂的高效。在众说纷纭的教育改革中，我们仍然特别注重了教师素质的提升，因为学生的学习态度来自教师严谨认真的施教行为和规范，学生的学习兴趣来自教师因材施教的鲜活教法和方式，学生的学习能力来自教师出色的能力和水平，学生的学习质量来自教师对教材和大纲的深刻、准确把握。这是教学的本质，是教师的基本责任，是万变中不变的东西。教育的主导作用没变，规律没变，我们紧紧抓住教师的专业发展，这是办学的基本标准。

第二节 教学发展思考

嘉铭分校的教学在努力追求“以教师的专业发展为基础，以课堂为架构，以课程为砖石”的全面优化方式。我们坚信这才是学校提升办学品质的正路，这条路可以让学生在校园中学得更轻松、更幸福，更有兴趣，更有提升和发展的空间。嘉铭分校的教师专业发展，就是给教师专业发展搭建一个宽硕无比的舞台。我们所做的工作，一是施足底肥，管理者在一起做施足底肥的事；再就是剪枝，教师专业发展的花一开，必定结出学生全面发展的硕果，通过教师的发展促进学生的发展，用学生的发展证明教师的能力。

当然，学校工作要聚焦课堂教学，但其不能是唯一，还应该通过德育课程和学校文化建设让课堂成为掌上明珠。人的素养、知识的厚度决定人的认知水平，思维越活跃，人的认知水平越高，我们应通过多种途径激发学生灵活的思维，多渠道落实全人教育。

就教学工作来说，落实减负在理性上是通过高效课堂和常态优质来实现。在教和学的关系中，教师的主导作用不能改变，所以必须加强教师的专业发展：在师生共同发展中，教师第一；在办学过程中，学生第一；在教学过程中，教师第一。管理者要干的事，就是当我们面对教学中的共性问题时，怎样去改变、去实践，怎样让改变成为一个不断推陈出新的可持续的过程，怎样让改变成为人人认可、人人参与的自觉行为。通过解决这些问题来推动学校的发展，为学生创造幸福学习、健康学习的身心家园。

2011年7月，陈经纶中学建设首都名校工作全面推进，张德庆校长提出“让教科研引领学校发展”“让教科研成为工作习惯”的发展目标。嘉铭分校的办学，在陈经纶中学90年厚重的办学文化氛围氤氲下，从2003年办嘉铭分校伊始就确定了“九年四段”办学的高标准。历经8年，嘉铭分校的办学取得了一定的成绩，居于朝阳办学第一质量平台。但在成绩的背后，我们不得不冷静思考嘉铭分校今后的发展问题。

第一，嘉铭分校目前取得的成绩靠的是什么？我们是否还在用精力和体力换取学生的成绩？嘉铭分校的可持续发展力究竟在哪儿？嘉铭分校是否具有“本土特色”的教学思考？我们有没有抓住教学中最具有核心价值的东西？

第二，嘉铭分校的教学管理是促进了所有教师的提升，还是靠几个骨干在支撑？教师个体支撑个别团体，个别团体支撑学校的状态能持续多久？

第三，我们的教学研讨是关注教师怎样把学生教会，还是真正落实到了学生怎样学会？让学生学会需要从哪些环节着手？

教学中最具发展力的东西是学生的激情和动力，学校的发展应思考教师和学生的发展问题。我们在思考：嘉铭分校36个教学班每天上的242节课，学段课堂教学之间有没有共性的东西？40分钟教学过程最具实用价值和最具效益的环节是什么？教学中能不能抓住核心环节让青年教师迅速成长，尽快达到规范？中年教师能不能控制一下原有的教学惯性，由必然王国走向教学的自由王国？老教师在课堂规范之下能否做自由发挥？我们追求的课堂教学方式应重在其基本内涵与精神实质，而不是只在其外在形式。

另外，学校办学的诸要素之间应该具有一种怎样的关系才能促进学校的发展？我们认为，要通过提升学校的办学品质营造学校的人文环境特色，提供学生成长的土壤；通过教师的专业发展发挥施肥和浇水的作用，通过学校的课程建设提供禾苗茁壮成长的阳光，最后结出的硕果一定是学生的全面发展。嘉铭分校今后的发展一定基于这样一种建构和认识。

一、深入课堂教学探究　着力优化课堂构建

1. 奠基阶段

2011年9月开始，嘉铭分校认真审视学校的教学工作，确立了“建设嘉铭教学新秩序”的工作目标，组建“九年四段”大教研组，开始了学段课程管理的建设，我们开始了“立足课堂、重构课堂、发展课堂”的工作立项，学校领导带队，教学处会同学段教研组深入课堂、备课组调研，发现、分析教学中存在的问题，思考、商讨解决的方法，并对解决效果进行追踪，确定了把“教师专业素养和专业水平的提升，重点关注学段课堂教学目标的制定与达成”作为教学工作的核心内容，探索以“为了更加优秀而‘去其糟粕，取其精华’，使某事变得更优秀的方法”为宗旨的课堂教学方式，提出了以“教学目标最明了，教学流程最简洁，教师指导最精辟，学生参与最广泛，学习效果最优化”为内涵的嘉铭优化课堂教学模式探究。本着“务本求真、落实到底”的原则，通过教学干部工作会、教研组长研讨会、备课组长汇报会、教师座谈会，研讨学校打造“优化课堂”模式的工作措施和策略，进行阶段小结和问题反思，梳理下一阶段工作。在这样的良性循环中，“优化课堂”模式日臻成形，第一学期进行了两轮共计206节的常态课调研，开展了78节学科研讨课，推出了46节优质展示课。在此基础上，我们确定了嘉铭优化课堂的基本要素为：当堂示标、自主先学、合作交流、成果展示、归纳提升、效果回收。优化课堂明确了嘉铭分校课堂的基本规范，并且形成这样一种共识：模式是一个可操作性的参考框架，体现课堂不同行为之间出现的逻辑链接。教研组要结合自己的学科特点，在学校优化课堂教学标准和要则指导下，创建不同学科、不同课型的教学模式，充分体现各学科的最大灵活性和教师的个人特色。

优化课堂教学基本要则

优化课堂特别关注了不同学段“学生课堂的参与度”并把它作为优化课堂评价的主

要依据，同时，这种研讨方式从一开始就根植于学段教研组和备课组，并成为全体教师共同参与的研讨，提升了全体教师参与教研的意识，对全体教师提出参与“优化课堂”模式探究的要求。

2. 发展阶段

2012年，随着新课标的深入学习和推广，嘉铭分校更深入推进不同学段不同学科优化课堂模式构建工作，围绕课堂效率，重构教学能力；围绕教学困惑，重构研究方法；围绕专业发展，重构反思提升；围绕课题研究，加强教科研工作的管理力度；围绕开展教科研工作，加强教科研队伍的建设。

(1) 从语文、数学、英语三大学科入手，开展了“一师一课堂，一人一模式”学段研讨活动，教师自我推荐学科教学特长，进行课堂教学梳理，提取不同学段教学环节中最关键要素，结合嘉铭优化课堂模式基本规范，设计一课例，在学段教研组进行说课，集体修改后进行课堂实践，通过组内评课进行再调整，再实践。经历了“教学管理处课堂要则指导，学段教研组研磨提交初案，备课组研讨完成草案，示范课实践完善细节，专家引领形成方案，大教研组定稿确定流程，教学处审核完成模式”的再丰富、再改进过程，促进了全体教师人人参与，人人提升 。

(2) 在教研组和备课组落实学科优化教学方式的同时，教学处会同学段教研组

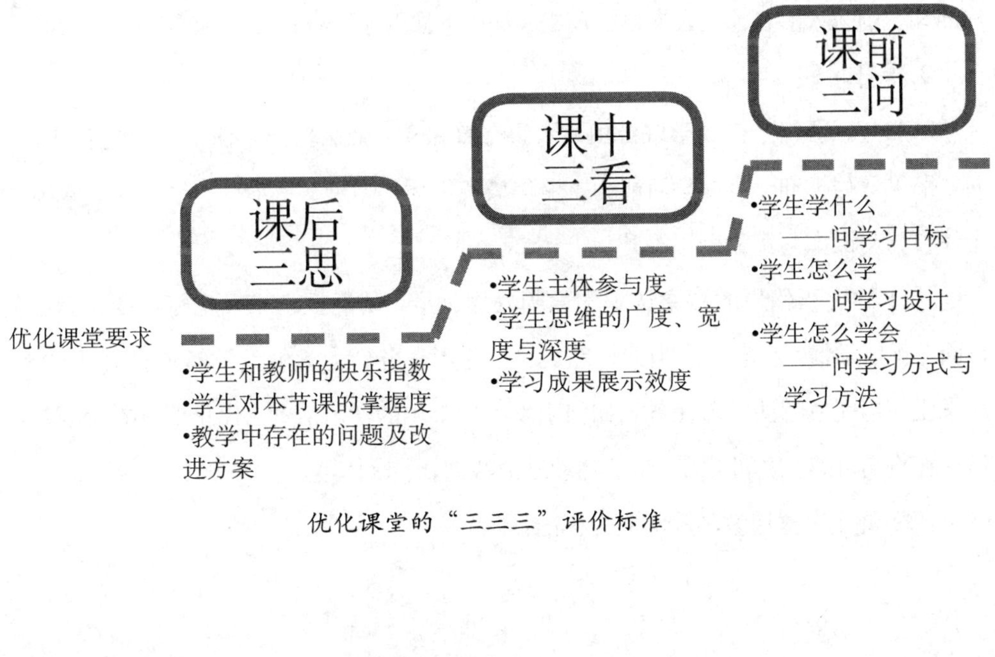

优化课堂的“三三三”评价标准

长制定了优化课堂评价标准和评价量表，明确了优化课堂教师学生规范。

（3）优化课堂模式构建过程中，为了保证学生的广泛参与与课堂的实效，围绕教学基本环节，各学段编写和推广应用了学段《自主学习导纲》和《课堂同步导学案》，让学生提笔、合作成为课堂习惯。《自主学习导纲》使学生有目的地进行课前预习，培养学生的自主学习习惯，引导学生自主分析问题、解决问题，带着问题进课堂。《课堂同步导学案》编写遵循的基本原则是：主体性、导学性、探究性、层次性、开放性、创新性和实践性。对学案编写要求明确学习目标，凸显教学重点，破解教学难点，提供学生能力提升的“支撑点”，激发学生主体意识的“兴奋点”。

以学生自主探究、教师有效引导、讲练结合、拓展提升为主要特点的优化课堂模式，为学生拓宽了自主学习的空间，与之相匹配的优化课堂题库及优生培养题库开始构建，课堂教学搭建了优生培养的平台。

2012年12月27日，嘉铭分校完成四个学段英语、语文、数学、体育36个课堂教学模式的构建工作，并召开了全区现场会，与会领导给予高度评价。他们认为这种教学研讨奠定了嘉铭分校“以教师专业发展为中心，促进学科建设，构建有效课堂模式，促进学生发展”的办学基础；对以“‘九年四段’学段教学”为中心的学科建设做了一个有意义的探索；探索了真正的教育创新之路：集陈经纶办学理念，首都名校办学标准和教师人人参与、人人探讨的反复、深入的实践于一体的教育探索。

3.提升阶段

2013年，嘉铭分校教学改革由“聚焦有效课堂、聚焦教法学法、聚焦教学过程”向“聚焦课程标准、聚焦学习能力、聚焦减负提质”拓展，更加强化了学生在课堂的全体参与与课堂落实和分层提升。

（1）建立嘉铭新的课堂认识和教师发展标准：从期望学生发生哪些变化到如何诊断、预估学情，从学生应当如何完成这些学习任务到为学生提供怎样的学习支持，从学生应当完成哪些学习任务到如何引发引导学生的学习活动。优化课堂教师智慧应体现在真实可感、瞬间突发、情感体验、独特创新、整体稳定。

（2）提出了嘉铭教师新的能力标准：

第一，明确所上课的课堂目的，而且深切了解整个课题和整个学科的任务；并且知道不解决那些中间任务，就不可能获得那种效果。

第二，善于明确、突出所教课题最主要的东西，善于在课堂教学的所有阶段把全体学生的注意力集中到最主要的内容上，绝不脱离教学的总内容而陷入局部。

第三，立足抓每一道题一切可能的方法，能从必需的最少量习题中编出一套综合性的习题，从繁多的练习中解放老师和学生。

第四，善于组织学生进行独立工作，持续指导他们合理地学习。

确定了嘉铭教师能力标准“七个一”：一个科研课题，一份校本教材，一节优化课堂，一份读后感，一次讲座，一次听课点评，一篇教学案例与反思。

制定了嘉铭优秀教师“七个一”标准：引领一个学科，研究一个课题，编撰一个专集，打造一个特色，培养一个徒弟，构想一个策略，开设一个论坛。

（3）整合了新的教研组建设规划，保证各教研组“精妙的课堂、精致的管理、精心的教学、精彩的效果”。

（4）精细了备课环节，在落实陈经纶中学框架式集体备课要求的基础上，嘉铭分校结合校情提出三段式集体备课，即框架式备课—因材施教备课—个性化备课，形成新的备课体系标准“四围绕、四确定、五备、五统一、六达标”：一围绕学科课程标准和“中考说明”，二围绕学情，三围绕嘉铭优化课堂模式打造，四围绕嘉铭教学质量目标；定时间、定地点、定主讲人、定内容；备学生、 备教材、备教法、 备计划、备考试；统一认识、统一目标、统一进度、统一内容、统一检测；自主学习导纲达标，课

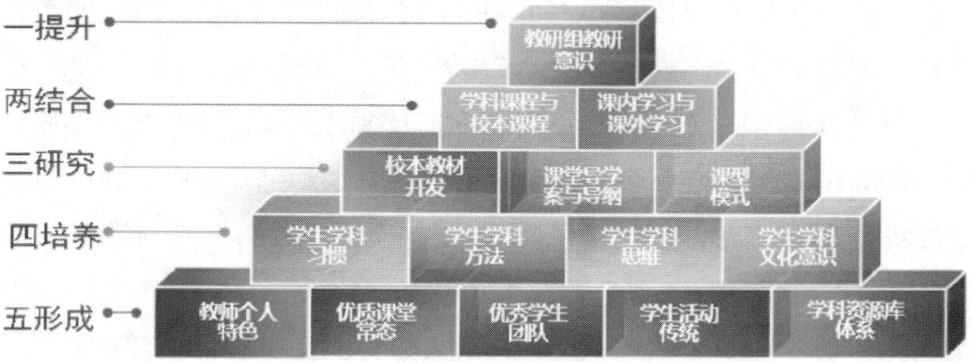

堂导学案达标，教学课件达标，模块检测题达标，优生提升训练达标，学困生达标训练达标。

（5）进行了全学段全学科的优化课堂模式的探究和实践，嘉铭课堂教学呈现了“百花齐放、百家争鸣”的局面。

各学段不同课型的“优化课堂”模式，提供了常态教学的较科学的框架，保证了嘉铭课堂教学质量的底线——消灭C类课；导学案和自主学习导纲，保证了教学目标的完成和差异施教，促进了越来越多的优生的成长，教师在“研—思—学”的过程中，促进了自身的发展和成长。

（6）小组合作成为课堂最基本的学习方式，嘉铭高中低三人精细化、自主合作学习小组抓住了学生学力提升的生成点和教师优化课堂的落脚点，并进入嘉铭学生星级评价体系之中。

（7）根据目前嘉铭优化课堂教学“拓展提升”环节的要求，2013年寒假，我们组织教师收集、整理教学过程中的资料，编撰了全学段全学科“嘉铭阅读时空”，阅读进入全学科学习过程中。

经过两年多的探索，形成了嘉铭分校“优化课堂”模式八大体系，确立了嘉铭分校“优化课堂”的内涵，明确了“优化课堂”的基本要素，制定了“优化课堂”的课堂评价标准，确定了“优化课堂”的师生规范，实施了“优化课堂”新的教师能力标准，完善了“优化课堂”教研组规划，提炼了“优化课堂”备课体系及标准，完善了“优化课堂”小组合作评价机制。“优化课堂”模式构建从最初的教学规范要求衍生出越来越丰富的内容，而且这种研讨由课内延伸到课外，丰富了课程建设和教育实践内容。嘉铭分校优化课堂模式构建无建模思想引领，也无任何教学流派教学模式的依托，只有来自对嘉铭36个教学班，每天发生的228节课的点滴思考和积累，来自我们最朴素的想法：适合的就是最好的，发展的就是成功的。两年半的时间，我们经历了教学的思考、推进、反思、调整、研讨、试验、整改、落实、完善等一系列过程，全体教师做课累计近千节，学校各级干部每学期听课达300多节，累计编写各种资料达100多册。更重要的是，形成了嘉铭“人人参与、人人提升“的良好的教学研究氛围。

二、审视优化课堂教学　积淀嘉铭发展未来

“优化课堂”教学突出的特点之一在于抓住了提高教学质量的“最见效的因素”——学生主体参与度，并把它作为主要的评价标准，提升了学生的学习力；之二在于体现了“习惯奠基，学法支撑，教学促进”的师生观念；之三在于践行了“依托学科研究，推出普适性的教学模式；依托教学管理策略，抓实常态课的教学质量”的教学提升策略，最重要的在于进行了学段优化课堂教学模式的实践，尝试了不同学段最具课堂发展力的教学研讨。我们意图通过这种模式改变教学中存在的“关注双基到位，但能力培养欠缺，学生自主学习的习惯和学科学习习惯欠缺”等问题，提升了学生的学习力，疏通了优生打造的主渠道——课堂。

我们把嘉铭分校优化课堂与苏联教育家巴班斯基的教育专著《教学教育过程最优化》对优化教学的阐述进行比较，认为嘉铭优化课堂体现了以下几个核心思想：教授最优化的第一个方法是综合规划和具体确定学生的教养、教育和发展任务；第二个方法是教学内容符合教学任务，突出教学内容中主要的、本质的东西；第三个方法是选择最适当的课堂教学结构，即提问、新知学习、练习、巩固、作业、小结等的顺序；第四个方法是教师自觉地为完成一定教育教学任务选择最合理的教学方法和手段；第五个方法是对学生采取区别对待和个别对待相结合的方法，把全班的、小组的和个别的教学形式最优地结合起来；第六个方法是采取专门措施来节省教师和学生的时间，选择最优的教学速度；第七个方法是按照最优化准则来分析教学效果和师生的时间用量。

优化课堂模式探索走到今天，我们欣喜于它给嘉铭分校带来了很多副产品：学习方式的转变激发了学习兴趣，提高了课堂效益，丰富了课堂内涵，提升了学生能力；教学方式的转变带来了新型的师生关系，提升了教师的施教能力，促进了教师的自我提升，形成了良好的合作教学氛围。而最根本的就是“落实了减负优质，促进了师生发展”。2014年，我们确保了优化课堂的前期成果，站稳了优质教育的脚步。我们致力于引导并指导全体教师，对“九年四段”优化课堂模式进行理性思考并主动深入落

实，进而形成教师个人施教特色，即站在中高考制度改革渐趋成熟和逐步推广的背景之下，对课堂教学方式再进行思考和整合，强化“减负落实”纳入师德建设体系中；强化“多元作业”融入常态规范要求中；强化“常态监控”进入教师评价标准中；强化“校本材料”深入国家课程使用中，与教育要求合拍并轨。

审视嘉铭教育，我们理想的教育愿景正在实现：学校为孩子创设的必定是幸福的乐园，自信的舞台，成长的摇篮，成才的沃土。正像张德庆校长对学校学子全面发展的形象描述：让每个学生戴着健康的王冠，睁着理性的双眼，装上知识的马达，挺起自信的胸膛，插上科技和艺术的翅膀，扬起理想的风帆，翱翔出陈经纶中学，走向社会，走向世界。

第三节　嘉铭德行教育思考

一、背景

当我们推崇人的智力在当今社会发展中的优势时，我们更需要明确个人德行在新时代的重要意义。当孩子们一切都安逸之后，很容易失掉磨砺人生的空间，追求懈怠，认知偏颇，情感贫乏，暴戾滋长，我们要他们坚持内心的纯洁、品行的仁厚，更是难上加难了。假如不用美德，有什么智慧能拴住易变的人心呢？我们说：清除心田杂草的最好办法就是播种美德的稻谷，栽植修养的青苗。学生的道德规范一经理性把握，即可成为自评之常规和标准。又因“知是行之始，行是知之成”，行便成为可操作的知，是德行之知并将其具体化的道德实践。这是人性发展的基本，是学生可持续发展的根本，是缔造学生幸福的源泉。

“德行”是个令人肃然起敬的“人格”观念，它以道德的知情意行统一论为其理论基础。德行是通过行动表现出来的习惯，是在正确理性的引导下与形成这种习性相匹配的行为。所有这样的行为及行为的全过程都出于主动。东汉经学家郑玄曰：“德行，内外之称，在心为德，施之为行。”在当今构建和谐社会的大背景下，发乎德言，行乎德事，是时代的需求，也是提高自身修养的圭臬。

中国传统德育把德育过程概括为知、情、意、行相结合的过程，这在一定程度上，从一个侧面揭示了德育过程的实质和规律。孔子主张道德品质的形成离不开认识，强调“知德”“知仁”“知礼”“知道”，同时提倡诗乐化的情感教育，所谓“兴于诗、立于礼”，重视了诗教和乐教在完成人的德行中的作用 。多数教育家都继承并发展了孔子这种重视知、情、意、行品德要素思想并使之一体化，从而形成我国古代德育的一个重要传统。当代德育理论认为，品德由道德认识（知）、道德情感（情）、道德意志（意）、道德行为（行）等四个因素组成，德育过程就是培养学生知、情、意、行的过程。

嘉铭分校倡导的德行教育，是在批判继承强调体知与悟知的中国德育传统，增进了道德的可接受性和内化性。我们强调对道德知识、理论和各种道德规范主观的认知和认同，重视了道德的内发性。通过晓之以理（向学生揭示道德观念、规范，帮助学生提高道德判断水平和发展道德评价能力），动之以情（培养学生健康的道德情绪和高尚的道德情操），炼之以意（激发学生的道德动机，形成学生的道德信念，培养学生的道德理想，使学生养成不怕困难，敢于战胜困难的决心、信心和恒心），导之以行（着重培养学生的道德行为，要求学生言行一致，养成自觉遵守道德规范的良好的行为习惯）的过程，对有关道德观念建立了实质性的非人为的内在联系，使学生对有关德育的认识变成有意义的接受，以形成“以德促行，正行养德”的德育教育氛围。从2009年开始，嘉铭分校进行了学段德行教育的框架构建、实践与研讨，在“九年四段”办学模式的探索与实践中，我们的德育工作探究了如何面对不同年龄阶段的学生提升德育工作实效性的问题，做了以直观化德育阶段性目标替代说教的尝试，确定了培养学生“良好的行为习惯—良好的行为自主能力—良好的德行品质”的科学养成教育方向。在科学养成教育的研讨中，我们制定了各学段的阶段性德育目标。针对一、二学段学生的年龄及认知特点，我们变抽象的德育说教目标为直观、半直观德育目标，让学生在直观的德育目标中感悟自我，从被动地学做人走向“德行的自我规范”。第一学段做学生、行有礼、学有规、有礼貌、友爱处，达到感知、规范；第二学段长学识、会质疑、重养成、广爱好、有诚信，达到外化、遵从；第三学段懂规范、爱学习、自管理、有志向、严律己，达到认同、自律；第四学段明是非、讲礼仪、勤治学、立志向、有专长，达到信奉、自觉。

二、学段德行实践

1.嘉铭教育特色定位

书香敦品，德行励学，学生文化建设营造了“为学生而设计，促学生而发展”的氛围。依托我校学生素质教育的“五四标准”（德行规范能力：品行端、礼仪合、尚美好、求真知；艺术修养能力：书写、欣赏名篇、名曲、名画；自主学习能力：预习、听课、复习、探究；生活实践能力：生活自理、强身健体、参与实践、服务社会；自我规范能力：交往、合作、乐观、自信），突出“九年四段”德育特色，制定了嘉铭分校“九年四段”学生发展目标体系。

这一体系的建立充分凸显“九年四段”特点，体现梯度变化，每一段的指标体系紧密联系，循序渐进，使每一项德育教育内容成为连续的、系统的整体。

“九年四段”学生发展目标体系

一级指标	二级指标	三级指标			
		第一学段（1～2）	第二学段（3～5）	第三学段（6～7）	第四学段（8～9）
规范修养	品行端	分辨对错	明辨是非 指导行为	言行节制 晓喻责任	严谨自律 言行一致
	礼仪合	行为文明	行立规范 文明礼貌	规范有礼 待人谦恭	以行养德 谦恭做事
	尚美好	爱身边人	崇尚美德 指导行为	襟怀坦白 心怀感谢	知报感恩 追求美好
	求真知	说真实话	真诚对己 真实对人	自尊自爱 追求正直	承担责任 树立志向
艺术修养	书写	乐于书写	勤于练字 热爱传统	练习书法 浸润传统	习字养性 提升自我
	赏文	经典熏陶	经典引领 了解文化	诵读于心 外化于行	诵读于心 厚德载物
	赏曲	乐于唱歌	敢于表现 培养气质	培养才艺 提升品位	形成才艺 品位高雅
	赏画	喜欢绘画	绘画指引 表达感受	乐于表达 欣赏名画	我画我心 品味书画

续表

一级指标	二级指标	三级指标			
		第一学段（1~2）	第二学段（3~5）	第三学段（6~7）	第四学段（8~9）
学习修养	预习	乐于读书	主动读书 初步预习	学会预习 坚持不懈	预习自学 自主提升
	听课	学习听讲	认真听讲 不做闲事	专心听讲 积极思考	边听边思 发表见解
	复习	勤于读书	学习方法 温故知识	主动复习 求索新知	定期复习 形成习惯
	探究	敢于提问	学习合作 提出问题	善于合作 乐思善问	创新求知 发明创造
实践修养	生活自理	学做己事	做己之事 习惯初现	生活规律 做事循理	做事严谨 自律自强
	强身健体	乐于锻炼	按时锻炼 学会坚持	积极锻炼 坚持不懈	坚持锻炼 学有所长
	参与实践	乐于动手	主动参与 提升能力	积极参与 主动实施	策划活动 实践创新
	服务社会	学会帮助	学会奉献 爱校爱班	乐于奉献 志愿服务	饮水思源 服务奉献
人格修养	交往	学习交友	友好相处 尊重他人	尊重包容 合作互助	合作共赢 创造美好
	乐观	阳光活泼	积极乐观 不怕困难	乐观向上 勇于面对	乐观进取 战胜困难
	自信	相信自己	自信自强 事有决心	自信自尊 敢于竞争	自立自强 收获成功
	爱国	升旗庄重	以国为荣 以校为荣	爱国爱校 言行担当	以国为重 为国争光

2. 建立学生成长目标体系

这让我们在学生发展过程中有纲可依，如何将我校学生素质教育的“五四标准”落实到位，应运而生的就是我们依据发展目标所实施的各项修养课程。以课程为支撑，将学生发展的各项目标细化到每一项活动课程之中，具体构建四个阶段的德育活动，并且使这些德育活动分层次、分阶段，循序地推进，形成序列化的德育修养活动，这些德育活动，能够形成相互联系、相互促进、充分发挥整体德育功能的活动体系。

德育修养课程

一级指标	二级指标	修养活动课程	活动支撑	活动时间
规范修养	品行端 礼仪合 尚美好 求真知	1.上好开学第一课	报到自检、开学典礼、 开学第一课 、第一次班会	9月
		2.衔接课程	幼小衔接学前课程	7、8月
			六、七年级迈好青春第一步衔接课程	6、8月
		3.行为习惯课程	习惯讲解、训练、竞赛活动	每月
		4.榜样课程	校园之星评选、学生综合评价	周、月、学期
艺术修养	书写 赏文 赏曲 赏画	1.国家课程	体音美学科活动	平时
		2.社团课程	各类艺术社团活动	每周
		3.分享课程	艺术活动展示比赛	6、12月
		4.文化熏陶课程	特色班、班级文化建设、校园文化讲解	3、11月
学习修养	预习 听课 复习 探究	1.自主合作	小组合作争星活动	常态活动
		2.学习习惯课程	学习习惯训练、竞赛	每月
		3.学力检测	学科达标、评价	每月
		4.阅读课程	各类读书活动，嘉铭阅读时空	4月
实践修养	生活自理 强身健体 参与实践 服务社会	1.自理习惯课程	自理习惯训练与落实	9月
		2.健体课程	个性特色活动、各方式运动、各类竞赛	4、10、12月
		3.校园志愿服务	自主值周、雷锋小分队、校园—社区志愿者	周、月
		4.社会公益爱心	太阳村、儿童之家、服务社区、爱心义卖	5、10月
		5.人生远足课程	市内、国内、国外实践活动	月、假期
		6.牵手课程	友好班级结对、牵手成长实践活动	9月

续表

一级指标	二级指标	修养活动课程	活动支撑	活动时间
人格修养	交往乐观自信爱国	1.心理课程	心理放松操、心理专题辅导、喜洋洋俱乐部	周、月
		2.交往课程	学期交友活动/班级对对碰、感恩朋友	周、月、学期
		3.爱国课程	弘扬民族精神月、升旗例检、传统节日活动	周、月、节日

以上的德育修养课程经过几年的实践，已经形成比较完善的活动框架，有固定的时间，有专人负责，已成为我校德行教育活动的专题内容，在每一项活动的实施过程中，力求体现出“九年四段”各个学段的特点，学段不同，目标达成度不同，活动内容和方法不同，力求使每个学生在活动中都有所收获，有所发展。2010年，学校编辑出刊《“九年四段”学生实践活动手册》上、下册，手册围绕“五四标准”，为每个学生每学期提供了35项菜单式活动项目。

手册以月为单位设计了以下主题活动：

3～9月规范立德——“绿色行动”“ 秋天的童话”；4～10月正行养德——“拥抱春色”“做精彩龙的传人”；5～11月怡情养德——“我心飞翔”“插上科技的翅膀 ”；6～12月感恩怀德——“感恩我在行动”“予人玫瑰　手有余香”；7～1月励学尚德——“精彩‘我’的风采”“我为我唱”。“亲子互助活动、外出牵手活动、校园实践活动，自主探究活动”，我们使之成为持续的过程，并在实践活动手册上及时更新和记录。

9月实践活动示例：

9月			
月实践活动主题	秋天的童话		
活动类型、适应段说明	1.“※”亲子互动活动 2.“★”外出牵手活动 3.“⊙”校园实践活动 4.“◇”自主探究活动	A类：第一学段（一～二年级） B类：第二学段（三～四年级） C类：第三学段（五～七年级） D类：第四学段（八～九年级）	
	1.迎接新学年感受新文化学常规活动“⊙”		

续表

9月		
月实践活动主题	秋天的童话	
活动类型、适应段说明	2.搜集观察“神奇的叶子”，挑出你最得意的两片制成标本在学校展出。第一、二学段“※” 第三、四学段“◇”	
	3.在家长的指导下读一本好书“◇” 填写书名	
	4.自己制作一张教师节祝福卡，写上你的祝福，在教师节之际送给老师“◇”	
	5.做一次校园志愿服务“⊙” 填写志愿内容	
	6.家庭秋季运动会“※” 填写运动会项目	
	7.“拥抱秋天 体验收获”拉手外出实践“★” 学校组织外出实践（秋游活动）	

形式要求	学生实践体验（可选一种印象最深的）			
A类：第一学段（一～二年级） 绘画、照片 B类：第二学段（三～四年级） 绘画或照片、200字左右的小文 C类：第三学段（五～七年级） 300字左右的体会、自主摄影 D类：第四学段（八～九年级） 300字的感悟 100字的活动建议和构思				
学生月活动表现 家长评价 相应处打“√”	A	B	C	D
	家长的话			

续表

<table>
<tr><td>形式要求</td><td colspan="4">学生实践体验（可选一种印象最深的）</td></tr>
<tr><td rowspan="4">学生月活动表现
教师评价相应处打“√”</td><td>A</td><td>B</td><td>C</td><td>D</td></tr>
<tr><td></td><td></td><td></td><td></td></tr>
<tr><td colspan="4">老师的话</td></tr>
<tr><td colspan="4"></td></tr>
</table>

我们倡导做真实的德育，是让学生在日常规范中，通过活动“学会合作，学会做人，学会交往，学习知识”，获得“能够养成好习惯，在生活上终身受用”的生活能力。

3. 学段德行教育常规活动

规范的形成来自严格管理，嘉铭德育在“以德促行”的总体要求下，建立了“由学生教育部部署，各学部主任和学段主任牵头，年级组长和班主任层级管理，班委会和学生会落实检查，全体同学自主参与监督”的“五级管理”模式，全方位辐射，以达成“德行”的最高层级“自觉行为”的目标。在实施过程中，注重了教育的认同效果。因为流于空洞的道德说教，只求表面上唯心地理解它，造就的是言行不一致的道德伪君子。我们把德行教育融入学生的日常生活中，达成被学生认可的道德行为标准，我们注重在被学生认可的规范中去形成这种规则。由全校同学讨论制定了“嘉铭学生学段德行规范”十项六十一条和“安全规范”十要十不要及“假期规范”等管理条例，它涉及学生学校、社会、家庭生活的方方面面，并作为学生日常礼仪行为的准则。

德育活动促进德行的养成，又是学生教育的载体，它具有德行自育的认同效果。思想品德习惯是行为经过反复实践而形成的一种动力定型，是自动化行为。嘉铭的活动在努力解放学生的空间，让他们去感受文化，扩大交往，了解社会，搜集丰富的资料，扩大认识的范围。

（1）国学经典作为德行的渊源

中华传统文化的目标达则兼济天下，提升人类生活品质；穷则独善其身，做一个堂堂正正的人。精髓之处在于：把学问做到一言一行中，做人就是做事，做事就是做人；事无大小，全力以赴；先不问成败，拿出最大的才能；先不问得失，拿出最好的业绩；外修仪表，内修品格。从2010年开始，我们开展国学经典进校园的活动，意图通过传统文化达成师生对国家道德、社会道德和个人道德的认同、趋向。国学经典走进班级，呈现各学段的不同特点，从一年级的《弟子规》，到七年级的《论语》，再到八、九年级的“百家讲坛”。

第一学段：《弟子规》《三字经》《笠翁对韵》

第二学段：《百家姓》《千字文》《幼学琼林》《增广贤文》

第三学段：《大学》《中庸》《论语》《孝经》

第四学段：《孟子》《老子》《诗经》《楚辞》《中华成语千句文》

各年级开展丰富多彩的经典诵读活动，我们旨在通过读书活动让嘉铭学子从踏进校园的那一刻起，就接受一种良好的熏陶，接受嘉铭文化的影响。

随着新课改的深入，嘉铭分校把学生校园生活进行“学段式自主活动设计”，提出了框架活动模式：“快乐进校”“多彩午间”“文明放学”。

在各学段富有特色的《三字经儿歌》《高山流水》《云水禅心》的音乐声中，学生进入校园，课间、午间活动从一年级的折纸、扑克，到高年级的练字、读书、滑板、羽毛球，再到八、九年级的社团活动，学校学习呈现了多元化的个性特点。我们追求学校教育体现嘉铭特色：先做人后学习，从学生进入嘉铭分校的第一天起，就在接受学校的文化熏陶，就在学习、进步。儒雅就餐、礼仪校园等系列活动体现了嘉铭教育“无空白”的特色。

(2) 特色班建设营造德行氛围

学校通过特色班建设推动班级工作的优质化，根据各学段学生年龄特点和班级工作特点，由班级申报“学段特色示范班”和“综合示范班”，各学段把礼仪分解为小目标，确定各年级创建的特色。七～九年级争创“礼仪示范班”，通过申报—审核—评价—认定—督察的程序使这项工作成为班级建设的调控主流，通过这种对学生群体认可的有效方式，促进班级特色活动的开展，为营造健康、向上的班级氛围起到了推动作用。“我爱我家”班级文化设计评比推动了班级文化建设工作向个性化和特色化迈进。

（3）“儒雅嘉铭学子”活动让嘉铭学子做“躬行君子”

每周确定一个专题活动，使德行教育呈现系列性和渐进性的特点。确定每周活动主题，落实礼仪规范，把规范根植于每位学生心中、每个班级中，形成一种自觉的行为，我们通过弘扬这种精神，张扬德行之气，让讲德行成为校园的时尚。

嘉铭分校特色活动周示例：第一、二周为规范、礼仪周；第三周为儒雅就餐周；第四周为做儒雅嘉铭学子活动；第五周为校园礼仪周；第六周为校园安全周；第七周为法制宣传周；第八周为示范班建设周；第九周为风采展示周。

（4）榜样示范引领德行实践

荣誉是德行的奖品，嘉铭分校始终把有利于学生发展放在学校工作的首要地位。我们把每学期开学典礼、学期学生大会、班会有效整合，形成教育系列，达到对道德的认同和榜样的示范、宣传作用。每周由各班推荐的光荣人物参加手拉手升旗，进行光荣任务介绍，专栏展示学生风采；每学期不同阶段的礼仪标兵评选、百名标兵评选和“感动嘉铭十佳人物”推荐都成了促进学生健康发展、青春活力、个性张扬的良好途径。校园设定专栏、班级固定专栏宣传身边的典型，达成一种认可和追崇。

（5）学校文化力求以学生个性展示为主调

我们追求把每一个角落、每一面墙、每一个教室交给孩子，“成长墙”“美术天地”“民族文化展示”等主题展示栏充分展示了嘉铭学子的才能。

4．社团、实践活动发挥德行教育主阵地作用

围绕“九年四段”特色，嘉铭的社会实践活动努力体现“学段活动目标和学段能力培养目标”，确定七大系列主题活动：公益劳动、社会调查、社会服务、志愿者行动、勤工俭学、科技文化活动等，以满足学生生理的需要、安全与保障的需要、爱与归属的需要、尊重（自我和他人）的需要、自我实现的需要。

嘉铭分校的教育崇尚的是在认同中激发热情，由爱己到爱人、人爱，使人性得到提升。孩子们挚爱着同学、老师、学校，挚爱着社会，挚爱着我们的民族、国家，他们的快乐在于得学之乐，耐学之苦；为他人服务，为社会服务；体现自我，得到认可。我们深信：只有有道德的公民才能向自己的祖国致以可被接受的敬礼。

三、嘉铭德行教育再认识

1. 德行与学校文化相结合

（1）嘉铭德行教育以传统文化为依托，注重了学生从感性认识到理性认识的渐进过程，一～九年级每学年2本国学经典的诵读及达标考核，为学生德行认知提供了良好的渠道；在国学经典插图、德行歌谣、学生书画作品装饰的校园中，伴着晨晖，悠扬的古典乐曲声和着琅琅的经典诵读声，营造了学校儒雅的气氛。

（2）德行教育引领学校的制度文化，《教师德行规范》等八项管理制度和评价方案注重了师德建设，关注了教师的言行对学生德行的影响；《嘉铭学子德行规范》等十二项管理条例从礼仪言行到德行社会，造就了嘉铭学子的谦谦风度和儒雅风范。

2. 德行教育实现了“九年四段”的层级推进

（1）嘉铭德行教育以学年《“九年四段”学生实践活动手册》（上、下）为蓝本，围绕嘉铭分校七大活动系列，根据一～九年级四个学段德行教育层级目标，为学生每学期设计了35项菜单式活动项目，把学生参与学校活动和社会活动有机地整合到一起，大手拉小手，人人参与，人人展示，实现了“在活动中学会交往、共处，增长见识”的目的。

（2）以德行教育为主旨的活动，以“规范立德，感恩怀德，正行养德，励学尚德”作为每月的主题，开展多种多样的活动，融班级建设、年级建设在其中，以年级、班级精神为支撑，以家委会参与为有效渠道，实现了嘉铭的“全员德育、全过程德育”的特色打造。

（3）读书成为明事理、识大体、长见识的最佳途径。嘉铭分校设计了经典诵读层级课程，按照阅读序列，每年级完成两本国学经典的诵读，并在每学期参加等级测试，嘉铭学子九年义务教育之后，将完成18本国学经典的诵读和考核。晨读经典午练字成为学校的常规，每月年级举行一次以经典诵读为主题内容的活动。以“九年四段”阅读体系为蓝本的开放阅读也成为学校的常规活动，嘉铭学生人人订阅报刊、杂志，每天30分钟的开放阅读时间成为学生的最爱，校园自捐自建的书吧有近万册图书，成为学生休憩的好去处。“好书互换”“爱心书箱”“亲子阅读”等活动让读书成为嘉铭的主体活动。

德行教育造就了嘉铭学子优良的特质：崇尚在认同中激发热情，在规范中回归本性，在个性中张扬人性；由爱己到爱人、人爱，使个性得到提升。嘉铭分校建立了完整、完善的学段德行教育体系，形成了学段德行教育系列教程，教育教学活动充分体现德行教育的特色。教师管理、学生管理、校园文化布置、学生活动以德行教育为纲，制度建设及实施、校本课程开发、学生活动的设计、常规管理充分体现了“德行”主题；同时，学校注意营造良好的德行教育氛围，关注涉及学生校内、校外德行提升的氛围，通过联动管理去影响、锻造每一个学生，让他们从踏入嘉铭的第一天起，每一天从嘉铭开始学习生活的那一刻起，就在接受熏陶，收获知识，提升内涵，并使这种德行成为一种个人品质，造就经纶学子成为社会人。

3. “九年四段”德育课程实现了知、情、意、行的有效衔接

（1）嘉铭分校编写了每学段德行规范童谣，从德、智、行、卫生、公物五方面对学生提出了要求，并通过“牵手值岗”活动和“让优秀成为习惯”的评价有效落实规范。学段德育活动序列按周进行，实现了“活动开发学生非智力因素促智力提升”的目标。

（2）“牵手成长、共享阳光”活动利用了“九年四段”的资源优势，每学期至少一周的校园“牵手志愿服务”活动成为学生综合评价的主要内容，“月德行实践牵手活动”让学生学会了谦让和关爱，学会了交往和合作。

第四节 《全人教育手册》的育人功能

从2013年开始，嘉铭分校整合学校学段德行教育系列活动，以及学段优化课堂教学管理工作，编辑《全人教育手册》，对不同学段的学生实施全面发展评价，我们意在通过这样的方式提升德行规范之下的学生的自我管理和自我发展能力，促进学生的全面发展。

“九年四段”《全人教育手册》解读：

一、学段学生守则修订

第一学段

①我爱我的班级，我在班级有好朋友。

②我喜欢我的老师，我会用微笑招手给老师打招呼。

③我爱我的同学，我会和同学友好相处。

④我爱我的父母，我能帮助父母做力所能及的事。

⑤我会按时到校，生病或有事及时给老师请假。

⑥我会自己整理学习和生活用具，不麻烦家长送物。

⑦我会倾听别人的发言，提问之前先举手。

⑧我会牢记“安全最重要”，课间活动时做文明有益的小游戏。

⑨我会在就餐中做到安静、节约。

⑩我会在放学时给老师说再见，自己背书包。

第二学段

①我爱我的班级，我喜欢为班级服务。

②我爱我的老师，我会问候、关心老师和他人。

③我爱我的同学，我会把帮助同学作为一种习惯。

④我爱我的父母，我能和父母一起参加活动并照顾他们。

⑤我会按时到校，在学校生活中获得知识，具备实践技能。

⑥我会把自己的事做好，尽量少给别人添麻烦。

⑦我会倾听别人的发言，正确地表达自己的见解，参与讨论。

⑧我会牢记“安全最重要”，了解基本的自救技能，提高自我保护意识。

⑨我会在公共场所保持安静、有序，举止文明，有礼有节。

⑩我会与别人友好相处，做大家喜欢的自己。

第三、四学段

①我爱我的班级，我会为班级荣誉而努力。

②我爱我的老师，我会主动给老师行礼问好。

③我爱我的同学，我会和同学友好相处，主动帮助同学。

④我爱我的父母，我能帮父母分担家务。

⑤我能按时到校，上学后不随意离开校园，生病或有事及时给老师请假。

⑥我会每天整理自己的屋子及用品，力所能及地为别人服务。

⑦我会在课堂上认真听讲，和同学讨论，积极发表自己的见解。

⑧我会每天按时完成作业，学会主动预习和复习，做一些问题探究。

⑨我会坚持每天锻炼身体，制订健体计划，保持良好心态。

⑩我会给比我小的同学做出文明行为的良好榜样。

⑪我会牢记“安全最重要”，学习突发事件自救，学会自我防范和自我保护。

二、学段星级评价活动

1. 星级评价标准

第一、二学段

自理星		守纪星		好学星		才艺星		奉献星		实践星	
评价人		评价人		评价人		评价人		评价人		评价人	
班主任		班主任		学科教师		学科教师		班主任		班主任	
内容	评价标准	内容	评价标准	内容	评价标准	内容	评价标准	内容	评价标准	内容	评价标准
按时到校	7:55之前到校，不迟到	进校纪律	校服整齐 微笑招手 一列行走	用品管理	用品带齐 书包整理	体育技能	体育竞赛 体育课堂 体质测试 达到良好	热爱集体	承担一个班级岗位，坚持认真完成	劳动实践	班级岗位 认真完成 做到环保 保持卫生
用具带齐	学习用品不忘记，家长不送物	两操纪律	课间操队列有序 做操认真到位 眼操穴位准确	课前准备	下课准备用具 听铃声进教室 坐姿端正安静	音乐才艺	音乐课堂 才艺展示 音乐比赛 演出活动		心中有集体 为班做好事	锻炼身体	按时上操 认真做操
整理书包	书本进袋 书包合口 摆放得当	课堂纪律	课前准备好 课堂不违纪	课堂表现	专心听讲 积极发言 声音洪亮 创新表达	美术才艺	美术课堂 作品展示 比赛获奖		遵守规范 为班级争得荣誉	活动实践	学校活动 积极参与 活动获奖
站姿坐姿	站姿坐姿标准到位	课间纪律	轻声慢步 不打闹 安全第一 不追跑	作业质量	每天按时完成作业 作业工整 质量较高	诵读诗文	按时诵读 达标过关 获得优胜	关爱同学	乐于助人 友爱相处	假期实践	认真完成 假期实践 反馈优良
课间自理	及时摆课用具，上厕所，楼道内轻声慢步	就餐纪律	安静有序 尽量吃完 整理得当	学科竞赛	比赛获奖 学科优胜 创新成果	其他才艺	学校展示 比赛获奖	关爱他人	积极参加社会公益劳动	4+4	如实完成 认真填写
桌椅整齐	桌椅整齐，桌面干净，斗内有序，周围无垃圾	升旗纪律	站姿标准 目视国旗 国歌嘹亮 严肃庄重	备注 各年级在此基础上设计具体评星方法							

第三、四学段

自理星		守纪星		好学星		才艺星		奉献星		实践星	

评价人		评价人		评价人		评价人		评价人		评价人	
班主任		班主任		学科教师		学科教师		班主任		班主任	
内容	评价标准	内容	评价标准	内容	评价标准	内容	评价标准	内容	评价标准	内容	评价标准
按时到校	按要求时间到校，到校后能安静做事	进校纪律	校服整齐 领巾规范 微笑招手 一列行走	用品管理	用品带齐 书包整理	体育技能	体育竞赛 体育课堂 体质测试 达到良好	热爱集体	承担一个班级岗位，坚持认真完成	劳动实践	班级岗位 认真完成 做到环保 保持卫生
用具带齐	学习用品不忘记，家长不送物	两操纪律	课间操队列有序 做操认真到位 眼操穴位准确	课前准备	下课准备用具 听铃声进教室 坐姿端正安静	音乐才艺	音乐课堂 才艺展示 音乐比赛 演出活动		心中有集体 为班做好事 班级干部勇担当	锻炼身体	按时上操 认真做操
整理书包	书本进袋 书包合口 摆放得当	课堂纪律	课前准备好 课堂不违纪 不做无关事	课堂表现	专心听讲 积极发言 声音洪亮 创新表达	美术才艺	美术课堂 作品展示 比赛获奖		积极参加学校志愿服务 为班级争得荣誉	活动实践	学校活动 积极参与 活动获奖
站姿坐姿	站姿坐姿标准到位	课间纪律	轻声慢步 不打闹 安全第一 不追跑	作业质量	每天按时完成作业 作业工整 质量较高	诵读诗文	按时诵读 达标过关 获得优胜	关爱同学	乐于助人 友爱相处 欣赏接纳 友善别人	假期实践	认真完成 假期实践 反馈优良
课间自理	及时放用具，轻声慢步入厕，厕后冲水	就餐纪律	安静有序 尽量吃完 整理得当 排队进出	学科竞赛	比赛获奖 学科优胜 创新成果	其他才艺	学校展示 比赛获奖	关爱他人	积极参加社会公益劳动	4+4	如实完成 认真填写
桌椅整齐	桌椅整齐，桌面干净斗内有序，周围无垃圾	升旗纪律	站姿标准 目视国旗 国歌嘹亮 严肃庄重	小组合作	小组齐心 各项突出 互帮互助 人人进步						

2. **星级评定实施**

按照星级评价标准，每天、每周、每月对学生实施评价，及时给予鼓励，肯定学生的进步，每月所得奖励星汇总到月星章收纳栏中，每月进行自我评价，并及时到星章超市兑换，学期末获得金章的学生将有成长印记牌刻在学校荣誉墙中。

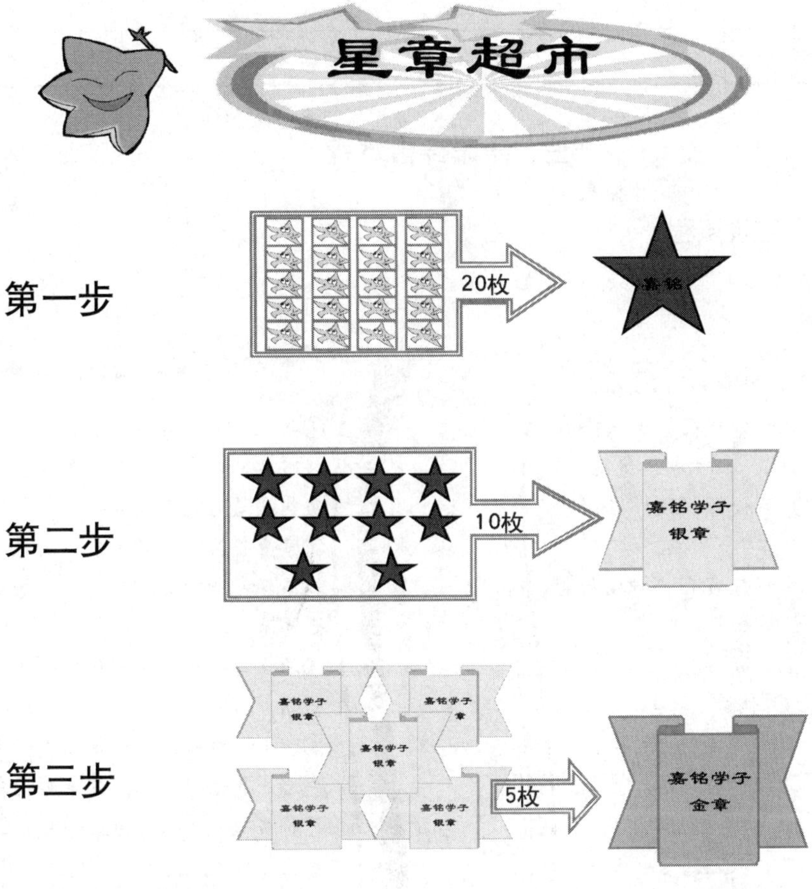

学校每月开放一次物质兑换超市，银章和金章的获得者即可兑换物质奖品。学校定期公布兑换的物品。

本月我获得嘉铭枚数		本月我获得嘉铭★枚数	
我觉得自己需要改进的地方			
家长的话			

三、学段评价课程

“全员”普及课程

①学生百分百获得一项终身运动能力——太极、健走
②学生百分百阅读18本国学经典书目
③学生百分百有一种爱好，有一种特长
④学生百分百有一个心目中的英雄、偶像、榜样

九年百分百

①学生百分百每学期至少一次科技实践活动经历（争做五星级实践活动之星）
②学生百分百每学期有一次自我展示机会（嘉铭小舞台、社团展示、班级展示）
③学生百分百每学期获得一次奖励
④学生百分百每学期参加至少一次志愿活动（争做五星级志愿服务之星）（校级、学校、社区）

学期百分百

嘉铭分校学生4+4百分百——运动能力

<table>
<tr><td rowspan="10">必修课程（健身强体宜于终身健康）</td><td rowspan="4">太极健身</td><td colspan="16">初期认识基本步法</td><td></td><td rowspan="4">很好
一般
需努力</td></tr>
<tr><td colspan="16">基本掌握</td><td></td></tr>
<tr><td colspan="16">独立完成</td><td></td></tr>
<tr><td colspan="16">能够坚持每周练习</td><td></td></tr>
<tr><td rowspan="6">健步走</td><td colspan="18">指导推荐：健步走是一项以促进身心健康为目的，讲究姿势、速度和时间的步行运动，它行走的速度和运动量介于散步和竞走之间。在良好的自然环境中结伴健步走，不仅锻炼了身体，还能欣赏自然美景，促进人际交流，陶冶身心，是一项宜于健体的运动。每天坚持30~60分钟，饭后一小时进行，健步时间灵活。</td></tr>
<tr><td colspan="18">记录每周累计健步走的时间</td></tr>
<tr><td colspan="4">3月</td><td colspan="4">4月</td><td colspan="4">5月</td><td colspan="6">6月</td></tr>
<tr><td>一周</td><td>二周</td><td>三周</td><td>四周</td><td>一周</td><td>二周</td><td>三周</td><td>四周</td><td>一周</td><td>二周</td><td>三周</td><td>四周</td><td>一周</td><td>二周</td><td>三周</td><td colspan="3">四周</td></tr>
<tr><td></td><td></td><td></td><td></td><td></td><td></td><td></td><td></td><td></td><td></td><td></td><td></td><td></td><td></td><td></td><td colspan="3"></td></tr>
<tr><td colspan="4">累计时间</td><td colspan="14">840分钟以上为达标 达标（ ） 未达标（ ）</td></tr>
<tr><td rowspan="11">学段特色课程</td><td colspan="19">选择学段（画“√”）</td></tr>
<tr><td colspan="4">第一学段</td><td colspan="4">第二学段</td><td colspan="4">第三学段</td><td colspan="7">第四学段</td></tr>
<tr><td colspan="4">形体、轮滑
（ ）</td><td colspan="4">羽毛球、滑板
（ ）</td><td colspan="4">体操、游泳
（ ）</td><td colspan="7">篮球、体能
（ ）</td></tr>
<tr><td rowspan="5">我做到了（完成表格）</td><td colspan="15">认真学习掌握了其中一项基本技能</td><td colspan="2"></td><td rowspan="5">很好
一般
需努力</td></tr>
<tr><td colspan="15">两项有兴趣并能有较高技能</td><td colspan="2"></td></tr>
<tr><td colspan="15">一项技能能展示</td><td colspan="2"></td></tr>
<tr><td colspan="15">两项技能有花样展示</td><td colspan="2"></td></tr>
<tr><td colspan="15">参加了学校或区级此项技能比赛或展示</td><td colspan="2"></td></tr>
<tr><td rowspan="2">任课教师评价（画“√”）</td><td colspan="4">很好</td><td colspan="4">良好</td><td colspan="4">一般</td><td colspan="6">需努力</td></tr>
<tr><td colspan="4"></td><td colspan="4"></td><td colspan="4"></td><td colspan="6"></td></tr>
</table>

嘉铭分校学生4+4百分百——经典诵读达标

学段	年级	内容
第一学段	一年级	《弟子规》《三字经》
	二年级	《幼学琼林》《笠翁对韵》
第二学段	三年级	《增广贤文》《孝经》
	四年级	《中庸》《大学》
	五年级	《论语》《孟子》
第三学段	六年级	《道德经》《朱子家训》
	七年级	《中华成语千句文》《诗经》
第四学段	八年级	《劝学》《宋词》
	九年级	《为学》《庄子》《古诗文》

学期经典诵读达标反馈

本学期诵读的书目				
我做到了（完成表格）	每天能够坚持诵读10~15分钟			很好
	部分篇目能够背诵			
	能够理解其中的寓意			一般
	能够汲取其中的精华指导行为应用到生活中			需努力
达标情况	检测分数		等级测试	达标（ ） 未达标（ ）

嘉铭分校学生4+4百分百——我的爱好 我的特长

爱好汇集（画“√”）	1.球类（ ） 9.舞蹈（ ） 2.棋类（ ） 10.科技（ ） 3.其他（ ） 4.阅读（ ） 5.古典音乐（ ） 6.悠悠球（ ） 7.跆拳道（ ） 8.演讲（ ）	学科爱好展示 语文（ ） 数学（ ） 英语（ ） 物理（ ） 其他（ ）

续表

我的特长	在爱好的基础上有所发展，成为一种特长	一种特长　达标（　） 两种以上特长　优秀（　） （画“√”）
	1.	
	2.	
	3.	

嘉铭分校学生4+4百分百——拥有心目中的英雄、偶像、榜样

我心目中的英雄、偶像、榜样

我崇尚的英雄	姓名		崇尚的方面	
我心中的偶像	姓名		崇拜的是哪些方面	
我心中的榜样	分类	姓名	激励我的方面	
	身边的榜样			
	历史人物			
	当代楷模			
达标标准	三类都有	达标	三类都有汲取了正能量	优（　　）

嘉铭分校学生4+4百分百——一次实践活动经历

实践活动记录

实践活动记录	实践活动时间	名称	地点	感受体会一句话
达标标准	达到3次以上活动	☺（　）	☹（　）	
	达到2次以上活动	☺（　）	☹（　）	
	达到1次以上活动	☺（　）	☹（　）	

嘉铭分校学生4+4百分百——一次自我展示的机会
自我展示足迹

	展示时间	展示名称	地点	感受体会一句话
自我展示记录				
展示达标	达到3次以上活动	☺ （ ）	☹ （ ）	
	达到2次以上活动	☺ （ ）	☹ （ ）	
	达到1次以上活动	☺ （ ）	☹ （ ）	

嘉铭分校学生4+4百分百——获得一次校级奖励
获得奖项记录

校级及校级以上

	时间	获奖名称	级别	感受体会一句话
获得奖项记录				
展示达标	获得3次以上活动	☺ （ ）	☹ （ ）	
	获得2次以上活动	☺ （ ）	☹ （ ）	
	获得1次以上活动	☺ （ ）	☹ （ ）	

嘉铭分校学生4+4百分百——志愿五星级活动
获得奖项记录

<table>
<tr><td rowspan="6">志愿服务</td><td>时间</td><td>志愿服务项目或名称</td><td>级别（班级、年级、校级、社区）</td><td>感受体会一句话</td></tr>
<tr><td></td><td></td><td></td><td></td></tr>
<tr><td></td><td></td><td></td><td></td></tr>
<tr><td></td><td></td><td></td><td></td></tr>
<tr><td></td><td></td><td></td><td></td></tr>
<tr><td></td><td></td><td></td><td></td></tr>
<tr><td>星级达标</td><td colspan="4">每做一次志愿服务请用红色的笔涂一个
☆☆☆☆☆</td></tr>
</table>

第二辑

“九年四段”办学探索

“九年一贯制”是教育部推广的一种办学体制实验，将过去的小学与初中合二为一，成为独立建制的学校。

第一节 “九年一贯制”办学的优势

一、以人为本的教育是促进人的全面发展和可持续发展的教育，将实施义务教育的小学和初中合为一体，增强了基础教育的连贯性和整体性。因此，连贯并整体地实施九年义务教育，不仅为所有受教育的人夯实基础，挖掘自身发展的潜能，而且能提升基础教育的质量，让各个学段相互联系，螺旋上升，最终促进人的全面发展。

二、将有利于解决中小学教育之间的衔接脱节问题，这是影响学生成长和义务教育质量的一个较为严重的问题。将传统的中小学合为一体办学，必然促进学生在一～九年级的连续发展，无疑会对学生的身心发展、综合学力的培养、个性成长等方面产生积极的作用。

三、将有利于嘉铭分校形成自己的办学特色，张德庆校长提出了“建设个性化学校，成就个性化教师，培养个性化学生”的办学思想，并要求分校要积极探索九年义务教育的办学规律，通过构建“九年四段”的办学模式，追求办学个性化和施教科学化。他认为，国家推行“九年一贯制”的实验办学体制，不只是探索中小学教育如何实现无痕迹衔接，更是围绕素质教育的教育观念、教育思想、教育方法的更新。

积极探索陈经纶中学嘉铭分校“九年四段”无痕迹衔接的办学及育人模式，是陈经纶中学践行素质教育、走科学内涵办学之路的选择。嘉铭分校要同集团一起进入名校建设，共同完成“办学个性化、施教科学化、校园数字化、规模集团化、学习国际化”的办学任务。要通过构建“九年四段”办学及育人模式的探索与实践，建设成为展示陈经纶中学一流教育水平的“窗口”和全面实施素质教育的“典范”，逐步形成陈经纶中学嘉铭分校的办学特色。

第二节 嘉铭分校“九年四段”办学的认识及探索历程

一、探索阶段

1. “九年四段”科学划分的理论依据

第一，瑞士著名的心理学家皮亚杰的认知发展阶段理论。皮亚杰的这一理论将儿童和青少年的认知发展划分为四个阶段：感知运动阶段（出生到2岁）、前运算阶段（2岁到7岁）、具体运算阶段（7岁到10岁）和形式运算阶段（10岁到成人）。皮亚杰认为：所有的儿童都会依次经历这四个阶段，新的心智能力的出现是每个新阶段人们能够以更为复杂的方式来理解世界的到来为标志的，而这些新的心智能力使得人们能够以更为复杂的方式来理解世界；虽然不同的儿童以不同的发展速度经历这几个阶段，但是都不可能跳过某一个发展阶段。同一个个体或许能同时进行不同阶段的活动，这明显地表现于从一个阶段进入一个新的阶段的转折时期。

第二，依据我国基础教育中德育阶段的划分。

第三，依据义务教育语文、数学、英语课程标准对教学阶段的划分。

我们将三者与我校的“九年四段”的划分进行比较。我们从以上比较中不难看出，我校“九年四段”的划分是具有科学理论依据的，是可行的。

<table>
<tr><th rowspan="2">义务教育</th><th rowspan="2">德育参照依据</th><th colspan="3">课程标准参照依据</th><th colspan="2">为解决小学和初中的连续性和发展性</th></tr>
<tr><th>语文</th><th>英语</th><th>数学</th><th>“九年四段”模式</th><th>皮亚杰儿童认知</th></tr>
<tr><td>一年级</td><td rowspan="2">第一学段</td><td rowspan="2">第一学段</td><td rowspan="2"></td><td rowspan="3">第一学段</td><td rowspan="2">第一学段</td><td rowspan="2">主要表现为前运算时期，开始向具体运算时期发展</td></tr>
<tr><td>二年级</td></tr>
<tr><td>三年级</td><td rowspan="3">第二学段</td><td rowspan="3">第二学段</td><td rowspan="3">一级目标</td><td rowspan="2">第二学段</td><td rowspan="2">具体运算时期</td></tr>
<tr><td>四年级</td><td rowspan="4">第二学段</td></tr>
<tr><td>五年级</td><td rowspan="4">第三学段</td><td rowspan="4">由具体运算时期向形式运算时期发展的主要过渡时期</td></tr>
<tr><td rowspan="2">六年级</td><td>第三学段</td><td>第三学段</td><td>二级目标</td></tr>
<tr><td></td><td></td><td></td></tr>
<tr><td>七年级</td><td rowspan="3">第四学段</td><td rowspan="3">第四学段</td><td>三级目标</td><td rowspan="3">第三学段</td></tr>
<tr><td>八年级</td><td>四级目标</td><td rowspan="2">第四学段</td><td rowspan="2">进入形式运算时期的初期发展阶段</td></tr>
<tr><td>九年级</td><td>五级目标</td></tr>
<tr><td>高中</td><td></td><td></td><td>模块化</td><td>模块化</td><td>模块化</td><td>形式运算时期趋向成熟</td></tr>
</table>

2. “九年四段”实践的最初定位

嘉铭分校建设首都名校的办学责任，是科学推进“九年四段”教育的原动力。“九年四段”无痕衔接办学模式，是指在坚持义务教育“九年一贯制”整体育人目标基础上，结合学生身心发展规律及学校办学实际，有针对性地将九年义务教育划分为四个学段：第一学段（一～二年级），第二学段（三～五年级），第三学段（六～七年级），第四学段（八～九年级）。对学生的发展进行整体规划，分阶段实施，加强教育的衔接，并重点对教育目标、教学方式、教育评价的无痕迹衔接的设计，实现自然、顺畅、科学贯通的教育，让素质教育落地生根，从根本上解决学生的课业负担问题，实现真正意义上的“以学生为本”。让学生真切感受到自己能力“从小到大”的成长历程；使学生在体验学习的快乐中掌握人生的本领，得到和谐充分、主动活泼、健康全面的发展。

3. “九年四段”办学探索问题思考

（1）如何在九年的基础教育中充分发展学生的综合学力，使学生真正获得生动、活泼、主动的全面发展？

(2) 如何更好地实现“小学低中高年级”和“中小学”衔接？

(3) 如何通过“九年四段”学生个性化发展和衔接教育的实验，探索全面推进素质教育的新途径？

4. “九年四段”办学探索需处理的关系思考

(1) 注意研究和正确处理好学生发展和教育的阶段性与连续性问题

在“九年四段”教育衔接工作中，比较突出的一个问题是过分关注衔接教育的阶段性，而忽视了衔接教育的主体在诸方面的成长都具有其不可忽略的连续性。每个阶段的学生都会有不同阶段的特点，学生随着年龄的增长，成熟度不断加快，但是任何一个学生绝不可能在跨入较高阶段的那一天，突然完全失去较低阶段的特点，发展的连续性决定了他仍然带有较低阶段学生特点。较低阶段学生的特点会随着年龄、环境的变化而逐渐减弱，而较高阶段的特点逐渐增强。为此，我们注重于变过去单一侧重中小学教学内容、方法与手段的阶段性，为现在的在新课标要求下既重视中小学教学内容、方法与手段的阶段性又注重其连续性；变比较单一的环境适应式的衔接教育为包括学科教学的环境设计、学生学习活动的安排、学生良好学习习惯的训练与培养等多元调试式的衔接教育；变短期衔接教育行为为小学阶段全程启动的调试式衔接教育。

嘉铭分校的衔接教育为学生的生存与发展奠定基础，让学生感受到自己的能力成长“从小到大”的过程，在“九年四段”办学模式的探索与实践中，我们的德育工作探究了如何面对不同年龄阶段的学生提升德育工作实效性的问题，做了以直观化德育阶段性目标替代说教的尝试，确定了培养学生“良好的学习习惯—良好的行为自主能力—良好的行为品质”的科学养成教育方向。我们在科学养成教育的研讨中，制定了各学段的阶段性德育目标。针对第一、二学段学生的年龄及认知特点，我们变抽象的德育说教目标为直观、半直观的德育目标，让学生在直观的德育目标中感悟自我，从被动地学做人走向“自己做主学做人”。第一学段：做学生、行有礼、学有规、有礼貌、友爱处，达到感知、规范；第二学段：长学识、会质疑、重养成、广爱好、有诚信，达到外化、遵从；第三学段：懂规范、爱学习、自管理、有志向、严律己，达到认同、自律；第四学段：明是非、讲礼仪、勤治学、立志向、有专长，达到信奉、自觉。

(2) 注意处理好学生被动式学习与学生生动、快乐、主动学习的关系

如何变被动学习为主动快乐地学习，其实质是如何处理好学生智力与非智力的关系，我们将侧重点放在对学生学习的主动性培养上。实验的大量资料证明，无论是学生未来发展的身体准备、学习适应性准备，还是社会适应性准备，重要的条件之一是学生自身的主动性。我们在不断研究和发展学生的学习主动性，发展学生的学习兴趣，激发学生的学习动机，注重培养他们好学好思好问、会听善说爱表达、喜好阅读的能力，引导他们正确认识与评价自我，提高他们的学习自信心与主动性，培养他们具有探索精神和创新意识。因此，我们在“九年四段”的办学模式研究中，更加注重践行“让学生体会学习自己做主的快乐”“让学生在创造与成功的体验中获得喜悦”等教学理念，最大限度地挖掘学生非智力因素的动力，促进学生情感态度价值观的良性发展，努力培养学生“三学、三自”，即使学生爱学、会学、快乐学和自主、自理、自强的个性心理品质，优化学生学习活动的心理素质，使学生在爱学中勤学，在会学中乐学，在自主中自理、自强，逐步形成学生的自主学习能力和自我教育能力。

(3) 注意处理好传授知识与培养能力的关系

树立起“在培养能力中积累知识”的理念，注重学生能力的培养与生成。新课改的核心目标就是课程功能的转变，即改变课程过于注重知识传授的倾向，强调形成积极主动的学习态度。新课改还强调创设有利于建立新型学习方式的课程实施环境，提高学生自主学习、合作交流，以及分析和解决问题的能力。因此，我们的教学活动不仅应以传授知识为主，还应培养学生探究、操作、知识迁移等能力，并重视学习的过程与方法，从而达到提高教学质量，培养人才的目的。

我们从事的教育的根本价值与基本任务，就在于以学生的终身发展为本，按照社会的需要，尽可能地为每个学生的发展需求创造与之适应的环境，提供适应其潜能和个性发展的充分的教育条件和机会。我们在“九年四段”衔接性教学的研究中，坚持把培养学生能力作为重点问题进行研究，更把“让学生感受‘人人能创造’”的理念

作为鞭策教师因材施教、科学施教、快乐施教的动力要求，促使其正确处理好传授知识与培养能力的关系。

5. “九年四段”办学模式的初步实践

（1）尝试“九年四段”衔接性德育——直观性阶段德育目标确立，倡导“自己做主学做人”

以第一学段为突破口，以培养学生的基本生活能力和对生活的态度为起点，用“要求+落实+坚持=好习惯”为切入点，撰写了“九年一贯制”第一学段科学行为习惯养成校本教材，教材以夯实学生习惯基础为目标，深入地进行了培养学生“良好行为习惯—自主行为能力—良好行为品质”科学养成教育研究。针对不同学段学生的年龄及认知特点，我们变抽象的德育说教目标为直观、半直观的德育目标，让学生在自己看得懂会操作的直观德育目标中感悟自我，让学生从被动地学做人走向“自己做主学做人”。

例如，第一学段（一、二年级）学生在校的10个月中，培养学生十方面的行为习惯规划：

时 间	主 题	行为习惯养成
1月（放假）	快乐假期，童趣飞扬	计划+做到+记录=计划性
2月（春节）	自主发展我做主	作息时间+准时遵守=科学生活
3月	常规习惯记心里，成功收获在手中	新要求+做到+坚持=新习惯
4月	好书伴我成长	有图书+每天读=爱读书
5月	培养学生艺术学习习惯	专注+参与+展现=爱艺术
6月	快乐生日，童趣盎然	准备+参与+合作=乐分享
7月	家校合作共成长	主动问候+孝敬行动+网上记录=爱我家
8月（放假）	快乐假期，童趣飞扬	计划+做到+记录=计划性
9月	常规习惯记心里，成功收获在手中	新要求+做到+坚持=新习惯
10月	友好相处，文明交往	主动问好+文明行为+愿合作=善交往
11月	科技探索身边寻找	仔细看+想一想+动手做=爱科学
12月	满怀信心，学会复习	明要求+认真做+细检查=会复习

（2）探究培养学生良好的学习习惯，提升可持续性发展的综合学力的衔接性问题

遵循激励为主的原则，学生为主体的原则，张扬学生个性的原则，鼓励学生创新的原则，以引导学生完成新课标要求的课外学习任务为目标，以组织学生开展个性化课外学习及例行活动为载体，启动了一～九年级语文、数学、英语、科技、体育等学科的“学科个性化学习达标工程”，以有效延伸和扩展学生的学习平台，促进学生综合学力的增长。学科个性化学习任务及目标要求与课标要求一致，与学生的发展需求一致，让学生感受到学习的快乐，感受到自己的学习成就。

科目	语文	数学	英语	体育	科学
项目	个性化学习达标体系	个性化学习达标体系	个性化学习达标体系	个性化学习达标体系	个性化学习达标体系
学段	第一～第四学段	第一～第四学段	第一～第四学段	第一～第四学段	第二～第四学段
达标要求	诵记古诗文 阅读课外读物 语文实践活动	规范书写 口算速算 算理思维 数学实践活动	乐听喜说爱唱 能写 善交流 口语实践活动	培养锻炼兴趣 养成锻炼习惯 造就健康体魄	爱了解科学常识，体验实验过程，培养科学意识

通过“学科个性化学习达标工程”的落实，促进“培养学生学习兴趣—成长学生学习习惯与能力—养成学生良好的学习品质”的科学培养进程。

(3) 关注培养学生喜爱阅读的好习惯

语文学科——让阅读成为习惯和生活

我们在语文学科个性化学习达标工程中设计了“让阅读成为兴趣—让阅读成为习惯与能力—让阅读成为喜爱的生活”的阅读习惯养成活动。

①变学生爱听别人讲故事为爱读故事给自己听——让阅读成为兴趣

在一年级学生具备了一定的汉语拼音拼读能力的基础上，引导学生阅读拼音读物。用“变学生听别人讲故事为给自己读故事”的办法，让学生们的求知欲得以延伸，引导学生顺利完成幼小衔接，帮助他们打下良好读书习惯的根基。

②明确各阶段阅读的任务和安排——让阅读成为学习的有效延伸

依据语文学科课程标准要求，确定学生自主进行语文学科达标学习的任务。每个年级每个学期的学生读书内容和要求：每天安排20分钟的读书时间，建立以使学生持续保持读书兴趣的激励机制。老师引导学生开展主题系列阅读、专题讨论阅读、竞赛阅读……让学生的阅读活动始终洋溢在兴高采烈的兴趣之中，并使学生在感受阅读快乐的同时逐渐养成爱阅读的好习惯。

例：第一学段的语文个性化学习达标——阅读安排。

学期	内容	
第一学段（第一学期）	必读书目	《小熊过桥》《拼拼读读》
	选读书目	《安徒生童话》、《格林童话》（少儿版）
第一学段（第二学期）	必读书目	《春天的图画》
	选读书目	《成语故事》（拼音版）、《窗边的小豆豆》
第二学段（第一学期）	必读书目	《金色的小船》
	选读书目	《格林童话》、《西游记》（少儿版）、《三国演义》（少儿版）
第二学段（第二学期）	必读书目	《花的学校》
	选读书目	《皮皮鲁外传》《少儿名著》《宝葫芦的秘密》《童话故事》

③用多种形式激励学生读书——促进学生读书好习惯的养成

为让学生将读书的兴趣上升为终身受益的学习习惯，教师坚持用激励的方法鼓励学生，用小组阅读比赛、设置班级阅读评比专栏、召开主题班会及队会等活动引导学生，用学生喜欢的讲故事、故事介绍、连环画等方式让学生体验读书的快乐，努力让读书成为学生的乐趣，使他们逐渐养成爱读书的好习惯。

④营造阅读文化——让读书成为学生喜爱的生活

学校组织学生开展丰富多彩的阅读活动，组织学生参加“读书节”“课本剧汇演”等活动，每学期末，对学生自主学习成果进行考核、总结，给学生颁发“学科个性化学习达标证书”，让学生感受到读书的成就与快乐，强化学生以阅读促进自我教育的能力；以学生自主性的大量课外阅读突破狭小的课堂教学空间，促进学生语文学力的增长，让学生体会“学习自己做主”的快乐，增加学生感受成就的机会，且进一步增加学生的阅读兴趣。

数学学科——以数学思维阅读孕育学生的创造意识和能力

嘉铭分校的教师在“九年四段”衔接性教学的探索中注重进行小学生思维发展的有效途径的研究，创造性地引导学生开展数学思维阅读实践，让学生在参与喜闻乐见的数学思维阅读中，体验到数学学习的快乐，提高学生学习数学的兴趣，掌握基本的数学思维方法，养成良好的数学思维习惯。基于这种认识，老师们以思维阅读为核心，以浅显的题材、活泼多样的形式，着眼于培养学生灵活运用知识、解决实际问题的能力。引导学生自己去思考、去探索、去创造，或者提出新颖的解法，让学生体验自我创造的乐趣。

在探索与实践中，老师们还发明了“思维促计算”、“思维导算法”、“思维促解决应用问题能力”、自主归纳知识点等导学方法，促使学生在开放性的练习中发散思维，扩大学生思维的发展空间，不断提高学生的数学思维能力，拓宽学生的解题思路，挖掘学生的创造潜能，开发学生的创造力，养成善于积累并建构算法多样化的思维习惯。思维阅读让学生感受到“人人能创造”，让学生在体验创造中获得喜悦。

英语学科——以多元阅读创设立体化英语学习环境

确立一体打造，贯通设计英语个性化学习达标方案的对策。设计了各学段的学习目标：第一学段创设充分的英语语言环境激发学生学习兴趣，第二学段创设充分的活动让学生感受掌握英语语言的魅力，第三学段体验学习运用英语语言的乐趣，第四学段实践英语表达和交往。

①依据英语学科课程标准要求制定各年级“英语学科个性化学习达标工程”

第一学段：诵读儿童英语诗歌（一年级40首）、学习演唱英语歌曲（一年级20首）；第二学段：学生参与各种英语活动；第三学段：安排各班每天午间15分钟英语唱读；第四学段：每周一节指导性表演与阅读，为学生创设英语学习氛围。

②开发英语真实阅读的校本课程——“嘉铭阅读时空”

丛书的编写紧密结合新英语课程标准的要求，按难易程度分为8个级别，适合各阶段学生的阅读需求，帮助学生在语言技能、语言知识、学习策略和文化意识等方面达到新课标的培养目标。丛书主要有以下特点：囊括西方经典文学名著，在帮助学生提高语言水平的同时，能通过阅读与自己外语水平相当的简写本一窥文学名著之全貌。再以学生喜闻乐见的表演、对话、画连环画、改写课本剧等形式帮助学生理解，加强口语练习，增长英语运用能力。

③英语课堂教学、课后作业表演化

④组织开展丰富多彩的英语阅读活动

每学年的读书节中，同学们可以参加英语阅读比赛、讲英语故事比赛、绘画英语连环画、结交英语学习伙伴等，获得英语学习的快乐。

⑤建立英语自主学习读书社，为学生搭建自主学习的平台

根据学生英语学习的需求，成立了英语自主学习读书社。会员们享有在学校借阅英语图书的特权，也有帮助阅读和发音有困难同学的义务。每个读书社的成员在每个学期都制订自己的读书计划。每位会员每学期都能阅读3本以上的英语读物。读书社还组建了“小剧团”“诵诗团”“习文团”“演唱团”等社团。

其他学科：

科学学科——注重学生的实践体验，培养学生的科学意识，奠定物理、化学等学科学习基础。重点组织第二、三学段的学生落实“学科个性化学习达标工程”。

体育学科——坚持“健康第一”的思想，以“培养学生的运动兴趣—养成学生的运动习惯—造就学生良好的体能与体质”为思路，落实学生《体育个性化达标方案》和《“5+2”阳光体育健身行动》，为学生健康成长和未来的幸福打下基础。

得与失：尝试进行了“九年四段”的工作，进行了一定的思考，奠定了思想的基础，其中，阅读习惯（语文、数学、英语）培养的工作成为学校良好的传统，得以延续。但工作没有持续、深入地落实下去，没有成体系，更没有立足课堂实际进行实质性的工作。

二、发展阶段

2009年，嘉铭分校“九年四段”探索从德育课程构建开始，进行了系统思考和构建。将以“实施做人德育”为理念的“德行”教育确立为嘉铭分校德育工作的目标和

宗旨。

1."九年四段"学生德行教育目标体系成为德育课程的支撑和根本——确定了衔接性、连续性发展目标。

学段	系列教育		
	德行教育	习惯与能力	实践活动场所
第一学段	对自己 学做己事，说真实话，培养兴趣。	作息好习惯	文化教育：北京中华民族博物院、故宫博物院、北京艺术博物馆。
	对他人 用语礼貌，主动沟通，友好同学。互相帮助，学会感谢。尊老爱幼，话语亲切，行为文明。	学习习惯（会听讲，重养成）	爱国教育：天安门广场、毛主席纪念堂、中国航空博物馆。
	对社会 按时到校，快乐上学，学做家务，服务集体，爱护公物，文明出行。	行为习惯（有礼，有序）	科普：北京动物园、北京植物园、北京海洋馆。
	对自然 爱护生物，珍爱生命，表扬美好。		
第二学段	对自己 做己之事，生活节制，行立规范，先思后行，有错认错，知错就改。自信自强，面对困难，事有决心，行有毅力，说到做到，坚持下去；真诚对己，真实对人，诚实对事。	劳动好习惯	文化教育：电影博物馆、中国工艺美术馆、百工坊博物馆。
	对他人 谦谦礼仪，学会交往。礼让他人，微笑待人，关心弱者。孝敬父母，尊敬师长，信赖朋友，致谢他人。	学习习惯（肯思考，重过程）	爱国教育：中国航空博物馆、首都博物馆、中国坦克博物馆。
	对社会 喜爱劳动，参与服务，尊重社会，维护集体，遵守法纪。体会责任，和睦家庭，和谐集体，心仪祖国，了解文化。	行为习惯（自理，互助）	科普教育：北京天文馆、世界花卉大观园、北京海洋馆。
	对自然 了解自然，学会欣赏，爱护生命，节约资源，发现美丽，追逐美好。		
第三学段	对自己 生活规律，言行节制，树立目标，有上进心，自信自尊，善于合作，敢于竞争，胸襟坦白，知己扬长。刻苦好学，学有所长。	生活好习惯	文化教育：首都图书馆、中国现代文学馆、炎黄艺术馆。

续表

学段	系列教育		
	德行教育	习惯与能力	实践活动场所
第三学段	对他人 待人谦恭，彬彬有礼，热情大方，知晓礼仪，待人体贴，推己及人，襟怀坦荡；合作互助，群体融洽；团结容纳，心怀感谢。	学习习惯（有方法，重归纳）	爱国教育：中国人民革命军事博物馆、徐悲鸿纪念馆、中国历史博物馆。
	对社会 晓谕责任，遵守规范，维护秩序，爱护公物；待人公正，追求正直。服务社会，体验劳动；珍惜物力，学会尊重，友好合作，创造美好；关心时事，文化融合，民族意识。	行为习惯（自律，自信）	科普教育：北京科技馆、北京自然博物馆、国家动物博物馆。
	对自然 了解自然，珍惜环境，珍爱生命；感动美好，好问求知。		
第四学段	对自己 乐观自信，自爱自护，严谨自律，言行一致，诚实守信，虚心求教，静思责过，提升自我，学有所长，树立志向。	独立好习惯	文化教育：北京戏曲博物馆、北京民俗博物馆、空竹博物馆。
	对他人 敬老爱幼，敬畏师长，真诚为先，谦恭做事，襟怀坦荡，能容异己，善意为本，善于合作，互助关心，扶助弱势，知报感恩。以行养德，爱国知理。平等尊重，善待他人。	学习习惯（重能力，促主动）	爱国教育：焦庄户地道战遗址纪念馆、北京市禁毒教育基地、鲁迅博物馆。
	对社会 承担任务，建设集体，关心家庭，热爱家乡，认同民族，维护国家。	行为习惯（明理，自育）	科普教育：周口店北京人遗址博物馆、北京南海子麋鹿苑、八达岭野生动物园。
	对自然 物力艰辛，饮水思源，心存感念，尊敬生命，探究未来，创新求知。		

2.德行规范从“德、智、行、卫生、公物”五方面成为实施德行教育的准则和规范，并成为校园文化建设的重要内容，在各学段并入学生考核和星级评价——进行了行为的衔接和连续性的规范。

德行规范童谣

第一学段·德行规范

德：

* 尊敬老师，热情问候　　* 谦和有序，相遇招手

* 庄严升旗，校服整齐　　* 唱响国歌，行好队礼

* 礼貌用语，牢记心里　　* 友好相处，共同游戏

* 说到做到，诚实守信　　* 主动助人，快乐我和你

智：

* 整理书包，带齐用具　　* 书写大方，干净整齐

* 读写姿势，端正笔直　　* 专心听讲，发言响亮

* 快乐阅读，探索宝库

行：

* 按时上下学，路队排整齐　　*预备铃声响，静待能静心

* 诵读琅琅声，午餐声声低　　*走路靠右行，脚步需放轻

* 集队快静齐，有序不推挤　　* 锻炼好身体，两操靠自己

卫生：

* 勤剪指甲勤洗头，洗手之后把水抖　　* 眼保健操护视力，用眼卫生时时记

* 穿戴洁净配领巾，座位卫生靠自己　　*喷嚏来时挡口鼻，健康对人也对己

* 用餐完毕清桌椅，轻提轻放要牢记　　*见到纸屑快拾起，美化环境为彼此

公物：

* 爱护课桌椅，不涂不翘摆整齐　　*爱护绿化地，不踩不踏要爱惜

* 节约水和电，珍惜资源每一天

第二学段·德行规范

德：

* 尊敬老师，热情问候　　* 谦和有序，相遇招手

* 平等待人，尊老爱幼　　* 庄严升旗，行好队礼

* 友好相处，谦让彼此　　* 说到做到，诚实守信
* 善于合作，主动关心　　* 儒雅师生，嘉铭礼仪

智:

* 整理书包，带齐用具　　* 读写姿势，端正笔直
* 作业及时，书本整齐　　* 自我复查，订正牢记
* 专心听讲，思维积极　　* 快乐阅读，书为知己

行:

* 预备铃声响，静待能静心　　* 上课认真听，学法心中清
* 诵读琅琅声，午餐声声低　　* 走路靠右行，脚步需放轻
* 集队快静齐，有序不推挤　　* 锻炼好身体，两操靠自己
* 自主管理好，独立又自信

卫生:

* 勤剪指甲勤洗头，洗手之后把水抖　　* 眼保健操护视力，用眼卫生时时记
* 书桌前后小环境，搞好卫生靠自己　　* 喷嚏来时挡口鼻，健康对人也对己
* 一日三餐要保证，零食当饭不可行　　* 用餐完毕清桌椅，轻提轻放要牢记
* 尽职做好值日生，任劳任怨为集体　　* 集体事情争着做，美化环境为彼此

公物:

* 墙面与地面，自觉保持就美观　　* 爱护课桌椅，不涂不翘摆整齐
* 爱护绿化地，不踩不踏要爱惜　　* 控制水和电，珍惜资源每一天

第三学段·德行规范

德:

* 尊敬老师，谦和有礼　　* 主动征求，虚心接受
* 真诚为先，善意为本　　* 礼貌用语，校园传递
* 善于合作，互助关心　　* 升旗礼仪，爱国知理
* 儒雅师生，嘉铭礼仪

智：

* 专心听讲，思维积极　* 大胆发言，敢于异议

* 作业及时，簿面整齐　* 自我复查，订正牢记

* 预习有底，复习跟进　* 巧排时间，平衡劳逸

* 一心向学，书为知己

行：

* 按时上下学，做事要守时　* 预备铃声响，静待能静心

* 上课认真听，学法心中清　* 诵读琅琅声，进餐声声低

* 走路靠右行，集队快静齐　* 锻炼好身体，两操靠自己

* 专用教室里，文明守规矩　* 自管促自育，独立又自信

卫生：

* 眼保健操护视力，用眼卫生时时记　* 书桌前后小环境，清朗整洁利学习

* 喷嚏来时挡口鼻，健康对人也对己　* 一日三餐要保证，零食当饭伤身体

* 用餐完毕清桌椅，轻提轻放要牢记　* 尽职做好值日生，任劳任怨为集体

* 公共卫生我和你，主人意识了不起

公物：

* 爱护课桌椅，不涂不翘摆整齐　* 爱护绿化地，不踩不踏要爱惜

* 控制用水电，注意节流有意识　* 墙面与地面，自觉维护净四季

第四学段·德行规范

德：

* 尊敬老师，谦恭有礼　* 真诚为先，善意为本

* 说到做到，诚实守信　* 善于合作，互助关心

* 扶助弱势，牵手相系　* 以行养德，爱国知理

* 儒雅师生，嘉铭礼仪

智：

* 思维求新，敢于争议　* 学习态度，质量天地　* 自我复查，订正牢记

* 预习有底，复习跟进　* 巧排时间，平衡劳逸　* 一心向学，书为知己

* 学有目标，心有方向

行：

* 上下学有规，做事需有律　* 预备铃声响，静待能静心

* 上课认真听，学法提能力　* 诵读琅琅声，进餐声声低

* 走路靠右行，集队快静齐　* 强健好身体，两操要有序

* 专用教室里，文明守规矩　* 自管成自育，自信明事理

卫生：

* 书桌前后小环境，清朗整洁利学习　* 一日三餐要保证，零食当饭伤身体

* 用餐完毕清桌椅，轻提轻放要牢记　* 尽职做好值日生，任劳任怨为集体

* 公共卫生我和你，主人意识了不起　* 公益劳动助成长，社会实践不停息

公物：

* 爱护课桌椅，不涂不翘摆整齐　* 爱护绿化地，不踩不踏要爱惜

* 控制用水电，注意节流有意识　* 墙面与地面，自觉维护净四季

3. 《“九年四段”学生实践活动手册》囊括了各学段德育实践活动，并成为活动的有效指导手册，在活动中“学会友爱、学会合作、学会求知、提升能力、增长见识”——活动成为阶段性、持续性德行教育的载体和平台。

4. 衔接教育成为重要的德育课程——使“九年四段”无痕衔接成为必然。

5. 国学经典课程成为校本课程，走进学生生活。全校每学期进行两次国学经典等级达标考核；我们意图通过传统文化达成师生对国家道德、社会道德和个人道德的认同、趋向，使道德思想的熏陶成为持续性逐渐内化的过程。

国学经典走进班级，呈现各学段的不同特点：

学段	年级	内容
第一学段	一年级	《弟子规》《三字经》
	二年级	《幼学琼林》《笠翁对韵》
第二学段	三年级	《增广贤文》《孝经》
	四年级	《中庸》《大学》
	五年级	《论语》《孟子》

学段	年级	内容
第三学段	六年级	《道德经》《朱子家训》
	七年级	《中华成语千句文》《诗经》
第四学段	八年级	《劝学》《宋词》
	九年级	《为学》《庄子》

目前，国学经典达标考核标准逐步完善，每学期，全校学生都要参加学校组织的不同种类的经典等级测试，并颁发证书，嘉铭学子在完成九年义务教育之后，将完成18本国学经典的诵读，我们在构建"学段文学修养达标体系"，形成嘉铭的特色。

三、全面推进阶段

1. 大教研组建设使嘉铭教学学段管理成为一个特色。

2. 2011年开始，进行了学段课堂教学改革，学段全学科教学模式成为嘉铭教学的特色。

3. 学科资源库建设成为学段优化课堂模式的重要内容，关注并突出了优生分阶段提升、打造的特色。

4. 各学段知识点和能力训练点梳理成为嘉铭学段教学有效衔接的主要依据，并为下一阶段国家课程学段整合和高段下移奠定了基础。

5. 各学段全学科学习习惯培养真正通过课堂教学这条主渠道得到落实并成为学习全过程关注的问题。

6. 各学段"嘉铭阅读时空"。

7. 贯通教学和高端下移教学。

8. 嘉铭校本课程开发与实施凸显了学段教育特色。

例如："嘉铭音标教程""历史风云人物""形体课程纲要""科学讲座范本""双观实验""指尖上的物理""生活中的化学""嘉铭百分百教育课程要义"。

第三节　嘉铭分校“九年四段”新尝试

当“九年一贯制”办学形式成为学校建设的新的趋向的时候，我们能感受到学校师资和设施的共享及最大化使用和生源的充足链接。“九年一贯制”学校如何挖掘内在潜力，充分发挥九年完整教育的优势，让学校的教学管理和德育管理承载更丰富的内容，构建学生有效提升的层级管理体系，让学生在基础教育阶段享受到最合理、奠定全面发展最扎实基础的教育，是需要我们认真思考的问题。单纯为做大规模和为了保证生源而做形式上的“九年一贯制”学校，无谓地浪费了“九年一贯制”的优势，等同于小学和中学的并列办学。因为就现在已成熟的学校规模来看，与日益增多的学生数相比，难以形成最合理的匹配，所以“九年一贯制”学校成为家长首选。

嘉铭分校作为办学已十年，一直在进行“九年四段”有效探索的学校，在当前“九年一贯制”学校新的发展机遇面前，我们应立足学校的可持续发展，思考目前存在的问题，进行合理的规划，系统地、完整地去思考如何发展嘉铭“九年四段”办学特色，使其成为嘉铭分校办学的主张。无论是学校的管理，还是课程设置，都应该立足于学生的阶段性螺旋式提升，为学生营造成长的环境，进行不同阶段的心智培养、情感培养和能力训练；使国家课程充分发挥其增长学识，促进学生发展，提升学生能力的作用。对“九年一贯制”学校来说，应该着力于一～九年级依托国家课程，使学生学习最大效益化，即通过对国家课程的整合，寻找其知识之间的衔接性和连续性，在一～九年级形成一个有序的链条，通过各学科知识点在不同学段的不同要求，使其成为一个体系。

一、体现嘉铭“九年四段”课程建设的优势，推进国家课程和校本课程的统一，即校本课程融入并渗入国家课程，使国家课程更丰富并突出学段的连续性，实现有效互补，凸显学科对学生能力培养的可持续、可发展优势，比如“嘉铭阅读时空”“嘉铭音标教程”“嘉铭科学教程”。

科学：第一学段没有科学课，对学生进行科学知识普及，每周举办一节科学讲座——“走近科学”；第二学段科学课，保证每周一次走进实验室；第三学段科学和物理、化学、生物融合，保证学生每周一节科学实验；第四学段依托物理化学实验，让“人人动手”成为学科教学的重要内容。

二、落实学段德行培养目标和学科能力培养目标，进行统一规划，打造嘉铭分校学段教学特色，比如实行相应的作息时间，长短课相结合，紧张与宽松相生；在统一的管理和发展目标之下，配备不同学段的活动和文化；凸显各学段知识建构、言行举止、能力素养的不同培养特点。

比如，第一学段：培养学生的自理能力，养成良好的生活、礼仪习惯，了解各学科学习方法和特点，培养学习兴趣，认识学习的多样性。学段设施和校园文化为这种能力培养而设计。

第二学段：培养学生良好的学习习惯，通过优化课堂模式和小组合作学习方式落实预习、思考、自主、拓展、探究、合作习惯和能力培养。

第三学段：抓好衔接教育，让学生在良好学习习惯基础上形成学习的认知习惯、态度、方法，树立自我发展信心，确立学习目标。

第四学段：进行人生教育，培养学生独立的生活能力、独立的学习习惯，明确学习态度和目标。

示例：第一学段

7:40～7:50　晨检，习礼

7:50～8:10　经典诵读课

8:20～8:50　第一节课

9:00～9:30　第二节课

9:30～9:40　加餐、小活动

9:40～10:10　健体操、队列

10:10～10:40　第三节课

10:50～11:20　第四节课

11:30～11:50　阅读

11:50～13:30　午餐、午休、阳光活动

13:30～13:40　算数

13:45～14:20　眼操，第五节课

14:20～14:40　摇摆操、休息

14:50～15:20　默读、绘画、自习

课程设置：

每周一节礼仪、科普、安全、赏析课（一月一次轮换）

每周一节朗读、口语课

每周一节音乐课为形体课，体育课为轮滑课

30分钟一节课，每天有两个20分钟大课间活动

三、以各学段知识点和能力点要求为依托，建立嘉铭分校学段评价标准，从教师和学生两个层面进行学科学习能力评定。通过升留级制度在一盘棋内对各种特殊学生，如学习困难学生、情感认知有偏差的学生进行全程跟踪观察和实施因材施教，保证从嘉铭分校完成义务教育的学生全部达到优秀，实现学校全人教育的梦想。

四、在义务教育阶段搞好中小学衔接，更方便对不同学段的学生进行整体设计、分段操作，为学生的最优发展提供了可能。学校通过确立不同学段学生的知识、能力、习惯、认知达标评价体系和课程体系完成由低学段到高学段的有效衔接，并重点强化一、四、七年级的课程整合，让学生的成长成为主动和积极的过程，让“九年一贯制”的优势最大地发挥。

“九年四段”办学探索是一个持久和不断丰富的过程，可利用的空间很大，可开发的资源很多，植根于学生发展的目标和教学实际的探索，一定是适合的，适合的便是成功的，我们将坚持下去，为学生发展提供最适合的、最有保障的、最优质的教育。

第三辑

“九年四段”优化课堂模式解读

新课改下的课堂教学，我们应该把它定位为学生全面发展的中枢和纽带，学生学习方式的变化首先改变的是课堂教学方式。在基础教育阶段，让学生获得学习的自主性必定要先让教师具备解放学生的能力，进行学生“自主参与和获得”的实体设计，即嘉铭分校在教改过程中一直所提倡的“发动和制动”的关系。学校应依托“九年四段”学段管理的优势，实事求是地进行总体设计，寻求教学状态中最本真的东西。

围绕“九年四段”办学管理目标，以“九年四段”大教研组为核心，嘉铭分校完成了“九年四段”课改基础要素梳理：“学段学科学习习惯培养要点”“学段学科知识点梳理”“学段学科学习标准和能力培养要点”“学段行为习惯目标”“‘九年四段’学生发展目标”“‘九年四段’学生基本素养培养体系”。随着课改的深入，与课堂相生的“九年四段”课程体系得到了不断的丰富和拓展，从根本上促进了学生的全面发展，提升了学校的办学品质。

先来解读“九年四段”优化课堂教学模式：

从2011年开始，嘉铭分校根据陈经纶中学“九年四段”大教研组建设和学段课程管理模式，提出了“深入研究新课标颁布以来课堂教学中存在的问题与变化，加强学科建设，改进课堂教学，彰显学段教学优势，引领老师认同并完成从‘教师教’向‘学生学’的观念转变和‘优生培养’”的工作要求，进行了学段教学的新思考：围绕课堂效率，重构教学能力；围绕教学困惑，重构研究方法，即围绕如何“教会学生”找到有效方法；围绕专业发展，重构反思提升；围绕课题研究，加强教科研工作的管理力度；围绕开展教科研工作，加强教科研队伍的建设。

教学管理处带队，学校各部门干部会同学段教研组深入课堂、备课组调研，发现、分析学段教学中存在的问题，思考、商讨解决的方法，并对解决效果进行追踪，确定了“教师专业素养和专业水平的提升，重点关注不同学段课堂教学目标的制定与达成”，并把它作为教学工作的核心内容。“优化课堂”模式构建就是基于这样的认识而启动并推进的，嘉铭优化课堂的基本要素为当堂示标、自主先学、合作交流、成果展示、归纳提升、效果回收，优化课堂特别关注了“学生课堂的参与度与学段目标达成度”，并把它作为优化课堂评价的主要依据。

嘉铭分校对“优化”的认知为：为了更加优秀而“去其糟粕，取其精华”，使某事变得更优秀的方法。嘉铭分校对优化课堂的解释为：教学目标的最明了，教学流程的最简洁，教师指导的最精辟，学生参与的最广泛，学习效果的最优化。

嘉铭分校“优化课堂”模式的构建，基于对不同学科培养学生不同能力的最优化效果的需求，基于对“常态课堂”的优质要求，因为“常态课堂”是家常菜，最养人。它来自对嘉铭36个教学班，每天发生的242节课的点滴思考和积累，来自我们最朴素的想法：适合的就是最好的，发展的就是成功的。

第一节　第一、二学段优化课堂模式解读

一、语文学科如何优化课堂教学模式

1.低学段语文优化课堂模式产生的背景

（1）优化课堂教学的理论依据

新的教学大纲要求阅读教学的任务不应只停留在对课文内容的理解上，不要过多地进行逐字逐句的分析理解，而应该提倡学生多读书，读中受到情感熏陶，在读的基础上独立思考，重视语言积累，提高运用语言文字的能力，培养创造型人才。因此打破传统的只重视知识不注重能力培养的教学方式。实施新的教学模式，使学生在审美情趣、协作精神、分析理解的能力和创造性运用的才能等方面都能得到相应的提高。

（2）调研常态课带给我们的思考

①存在的主要问题

教师讲得太多，但部分教师并没有充分认识到这一问题。教师常把自己的讲解作

为学生习得的唯一途径，即使有以学生为主的环节，学习方式也是单一的。

学生的"潜意识"暴露不多，更没有得到及时有效的解决。教师只是告诉学生什么是正确的，并没有关注在这些问题上学生是怎么想的。

教师不明白自己每个教学行为的价值取向究竟是什么，提问的意义何在，讨论的意义何在，等等。

②原因分析

教师对新课改的学习认识不够。

有些教师对新课改的认识模糊、观念淡薄。口号喊得响，实际教学还是"涛声依旧"。尤其是一些老教师难以在较短时间内扫除左右他们数十载的旧观念、旧思想，在教学上习惯于墨守成规，缺少创新。教师的个人素质与新课改的需要有一定的距离，教师不能把教学中发现的问题及时转化为课题来研究。

对旧的教学模式过于依赖。

有的教师在语文阅读教学中仍用着传统的教学模式和方法，所谓的改革，也就是把"讲授式""串讲式"变成"问答式"。课堂上老师"牵着"学生"鼻子"走，学生处于被动的接受地位仍然没有得到改变，这显然与新课标、素质教育所倡导的大相径庭。

以考分为命根子的应试教育的严重束缚。

在"应试教育"的束缚下，教师忽视对学生的探究、合作意识的培养，题海战术成为教师们主要的教学方法，学生显然成为只会做题的机器人。在这样的教育体系的摧残下，学生的合作研究意识受到漠视。

教学结构由学生、教师、教材三个基本要素构成。学生是学习的主体；教师既是学生学习的伙伴，又是学生学习的指导者；教材提供教与学的内容。学生为什么要学？是因为和教学内容之间存在矛盾：知识的、认知的、情感的……阅读教学过程，就是学生在教师的指导下，通过自主阅读和师生对话，解决上述矛盾，通过对语言的习得，逐渐提高独立阅读能力及语文素养的过程。

无论教哪个学段的阅读课，无论教哪篇课文，都离不开学生自学，教师引导，师生交流。为此，我们制定了以下教学基本模式。

2.吸收借鉴，实现模式的整合优化

（1）低年级阅读教学四步法

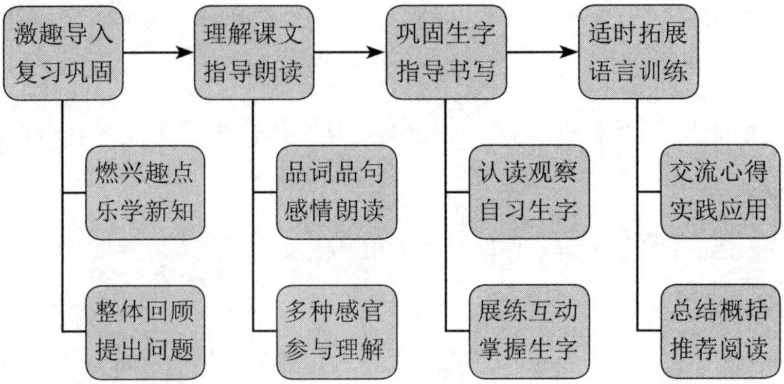

（2）教学模式说明

激趣导入，复习巩固。

其要义是唤起记忆，激发兴趣。要收到的效果是学生在最短的时间内投入学习中去，为品读感悟做些准备。

注意点：

这部分内容应抓住旧知的重难点，紧扣新知的生长点；

内容不宜过多，时间切忌过长。

理解课文，感情朗读。

要义是学习方式的多样，孩子在文本里走个来回，并交流自己的阅读感受，诵读积累规范语言，运用规范语言进行准确表达，生发课外阅读的欲望。其最终的落点是学生的阅读能力得到提高，语文素养得以提升。

实施要点：

“读—说—背—演”是依据低学段学生的认知规律与心理特性进行构建的，是教师在总结完善自己的教学风格中提炼出来的教学基本框架，存在局限性与不完整性，所适用的课型、文本都应有所选择。

读——以读为本，书声琅琅的课堂，在读中与作者、与文本一次次地对话，体

会作者的内心感受，结合自己的生活经验读出自己的内心感受，个性在阅读中得到张扬。

①多种方式地读。（方式的灵活运用，根据学生读的情形及时调整）

②有目的地读。（读时要提出具体的要求，为什么要读？读的收获是什么？边读边思）

③有层次地读。（思路越来越开阔，学生从一次次的读中感受到自己真的提高了，情感被激发）

④在反复朗读中理解内容，在反复朗读中感受文中的情感，在朗读实践中训练和提高学生的朗读能力。

⑤有指导性地读。（读，不等同于认读文字，同样的文字不同的学生去读，会呈现出不同的效果，教师无法评估谁读得最好，要引导学生用心感受，结合自己的生活实践去理解，就是合适地读、贴切地读）

说——说自己的理解、感受。培养学生的表达和运用语言的能力。

背——对于生动、精湛的小韵文，让学生试着把它背下来，学生的状态是积极的，展示出来的效果是良好的，这是积累语言的好方法。

演——文本是一个小小的世界，特别是低学段的语文课文更是生动，深深地吸引着学生，如果学生将知识点掌握了，再将课本内容重现，或是对自己的感受再进行创作，这将是学生智慧的结晶，这是动态的生成性课堂！

巩固生字，指导书写。

其要义是培养学生良好的写字习惯，培养自主写字的能力，提高观察字形的能力，正确书写笔画顺序，在书写的实践中让学生自我提高。

注意点：坚持给学生留出充足的练字时间，生字较多的课文进行分散练习。

①常规性的指导

常规性的指导包括坐姿要领、执笔姿势、运笔技巧及字的间架结构等。其中对学生的执笔姿势和字的间架结构的指导尤为重要。正确的写字姿势，极大地影响着学生的汉字书写质量及身心健康。因而，对学生从小进行写字姿势的指导培养，使他们养成良好的习惯，是小学语文写字教学中不可或缺的一环。

②阶段性指导

教师指导学生从描摹、仿写入手。古人练字总是"先小后大，先少后多，先仿后临"，体现了写字必须从基本笔画结构练起的规律，以及循序渐进的原则。老师在写字教学时，是根据学生的实际特点和认知规律，确定不同阶段的训练重点，让学生从描摹入手，再到临帖，使学生的练字具有一定的系统性。

③规律性指导

随着时间的推移，学生在书写过程中，难免存在一些普遍性的毛病，如结构书写不当等。这时教师就要重点指导。

一般做法：出示新字，学生观察这个字在田字格中是如何占位的，分析交流易错的笔画；学生练写，由描红到临写，教师有针对性地重点指导；板演展示（师生评价—学生对照自评）；巩固。

适时拓展，语言训练。

其要义是扩充阅读容量，扩展学习的深度、广度。收到的效果是以点带面，丰富学生的文化积累，学生逐步养成喜爱阅读的良好习惯。

教师根据教学内容设计不同的课外延伸作业，或写或读，或抄或画，内容多样，形式活泼，以利于学生形成健康的语文学习能力。拓展延伸源于课本又高于课本，依据课本又走出课本，因此它能使学生学到课本中学不到的很多东西，比如社会的、生活的等，但我们一定要把握好度。

3.模式实施要求

（1）教学目标的优化性。以学定教，以学生为本，变教师的教学目标为学生的学习目标，变"要你学"为"我要学"，教学目标在学生的认知领域、情感领域、意志领域、操作领域、创新领域同时展开，培养知能并举、个性鲜明的学生。

（2）教学要求的层次性。除体现教学目标的层次性以外，还要注意对学生评价的层次性，对于"差异学生"采取"差异评价"，以激励的原则，调动全体学生的学习积极性和主动性。

（3）教学过程的主体性。教与学既要体现“双向”又要达到“互动”，处理好“三个互动，两个为主”的关系，即师与生互动，教与学互动，情与智互动；教师为主导，学生为主体。强调学生的主体地位，但又不能忽略教师的主导作用。

（4）教学氛围的民主性。创设民主、平等、和谐的教学环境，激发学生的创造热情，体现“两个民主”，教学行为的民主：俯首交谈、亲切微笑、虚心接纳。教学形式民主：变“一言堂”为“众言堂”。体现“两个尊重”：尊重学生主体地位，尊重学生张扬个性。

（5）教学评价的激励性。坚持“正面鼓励、激励为先、差异评价”原则，发挥教学评价的激励功能，认同每一位学生的进步和成功，随时注意鼓励、表扬、唤醒，让每一位学生体验。

4.“以读为主、自主学习”语文阅读课解读

在小学语文课堂上，教师要使学生的听、说、读、写能力得到全面的发展。可以说语文阅读课是语文课程中极其重要的学习内容和环节。新课程改革要求语文课堂教学的有效性，同时也呼唤一种新课堂教学模式的产生。为此，根据语文教学实践，以及新课标的精神，我校制定了语文阅读课，即精读课文的第二课时课堂教学模式，“以读为主、自主学习”的教学模式。

经过不断的实践、反思和研究，提炼出来的适合我校小语课堂教学实际的一种基本的教学模式——以读为主，自主学习。这种“以读为主，自主学习”的教学模式将比较抽象的教学理论，转化成教师容易理解和掌握的实施方案，为日常教学提供了一个比较完整的框架，优化了我们的课堂教学结构，提高了教学实效性。它不仅代表着我校小学语文课堂教学发展的一个方向，也体现了我校优化课堂的一个阶段性成果，更凝结了语文一线教师的智慧和汗水。在这样的教学模式引导下，我们的课堂更加规范了，充满了活力，充满了人文关怀，促进了学生的发展。

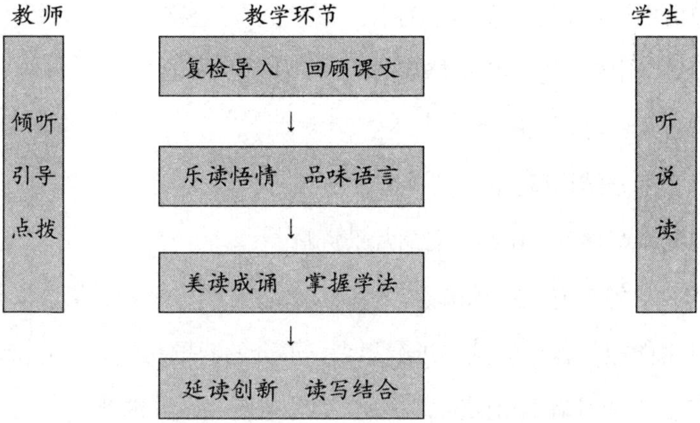

“以读为主，自主学习”课堂教学模式流程图

该模式强调以生为本，关注学生的情感体验——以读悟情、以读促思、以读促写，充分发挥学生的主体作用。让学生在阅读的全过程中自读自悟，读出自己的情感体验，读出自己的所思所想，培养学生良好的语感和整体把握的能力，发展学生的思维。

复检导入，创设情境。

其要义是唤起记忆，激发兴趣。收到的效果是学生在最短的时间内投入学习中去，为品读感悟做些准备。包括以下两个环节，即“复习环节”和“导入环节”。

(1) 复习环节，即复习巩固第一课时的教学内容。

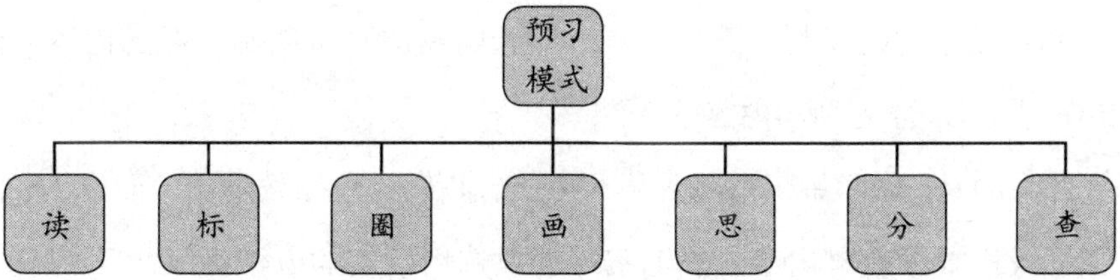

我们在第一课时按照课前预习七步法模式，让学生自主地完成学习任务。

预习模式解读：

预习流程：读—标—圈—画—思—分—查。

①读：自主阅读三遍。

②标：标出段落序号。

③圈：圈出不认识的字、易读错的字、多音字、形近字；查不理解的词语意思。

④画：画出文中好句子，如带修辞的句子、描写优美的句子等。

⑤思：思考课后习题，学会质疑。

⑥分：给文章分结构段。

⑦查：查找文章作家、作品、文章背景资料。

通过预习，学生扫清了字词障碍，对课文内容、结构、文章背景都会有一个大致的认识，而且也能根据自己的预习进行思考，不会的问题再质疑，等待课堂上学习，这样变被动接受式学习为主动探究式学习，为学习新课做好铺垫。

在复习巩固环节的教学设计中，要注意以下四点：一是检查学生对课文生字、新词的掌握情况；二是检查学生的读书背诵情况；三是提问上节课学生存在的主要问题；四是检查上节课所布置的作业。

（2）导入环节，即导入本课时的教学内容。

在导入环节中依据课型的不同采用不同的导课方式。导课的方式有很多种，主要分为间接导入法和直接导入法。间接导入法是借助一定的形式进行导入。譬如故事导入法、谜语导入法、回忆导入法、歌曲导入法、画面导入法、疑问导入法、游戏导入法等。前六种导入法的导入要和教学内容有关，是对教学内容的一种铺垫和衬托；游戏导入法可以和教学内容无关，目的是通过师生之间的游戏调动学生学习的积极性，让学生达到快乐学习的境界。直接导课，即开门见山直接明确学习的内容，板书课题，提出学习要求，学习新的内容。

需要注意的是，教学中采取哪种导入方式，我们是根据教学内容而定的，而不是生搬硬套。我们根据教材内容、学生实际情况选用恰当的方法激发孩子们读书的兴趣。但在导入环节不会花太多的时间，一幅图、一段声音、几句话都可以创设情境，目的就是要调动学生学习的积极性。

乐读悟情，品味语言。

模式中的第二个环节是乐读悟情，品味语言，在这里“乐”即快乐，在愉悦的心情中、轻松的氛围下感受语言文字的魅力。“悟”即感悟。在品读语言文字中使孩子们插上想象的翅膀，走入文本，与文本对话，与作者的思想碰撞出火花，达到情感上的升华。从而给孩子们带来快乐的阅读感受。

第二环节模式图：

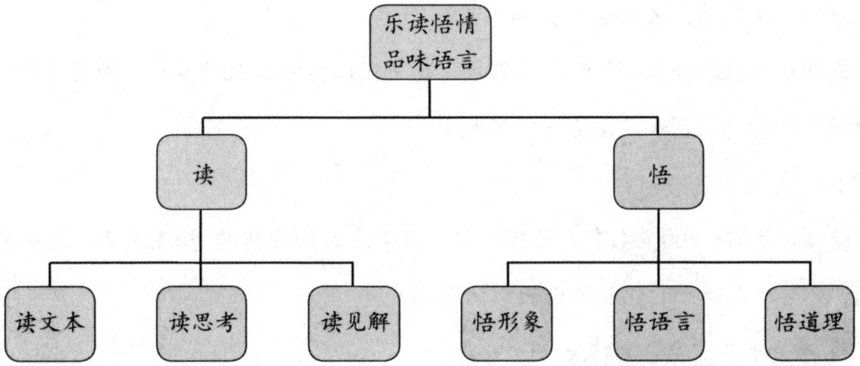

这一环节旨在引导学生采用“读”“悟”的方式，品味课文的语言文字，揣摩文章的表达顺序。学生读的过程要有目的、有层次，默读思考和动笔圈画结合，让学生读出自己的思考，读出自己的见解。在精读的基础上，教师加以点拨，引导学生感悟——感悟课文的人物形象，感悟文本的语言，感悟蕴含的道理。对于重要词语的理解和认识，需要循序渐进，从词语的品味，到课文的理解，再到体会作者遣词的妙处，对课文的语言魅力，让学生从读中充分地揣摩。

需要注意的是：由于年级的不同，学生对文本的品味要求也是不一样的。三年级可以引导学生读懂课文的内容，品味课文的语言；到了四年级以后，还要引导学生关注、揣摩文本的表达顺序。

美读成诵，掌握学法。

例如《颐和园》课堂教学环节：

第2段

（1）感受特点

过渡：请同学们跟着老师走进颐和园的大门，我们绕过大殿，这时就来到有名的长廊。长廊给你留下了怎样的印象呢？

学生回答：长、美。 师板书：长 美

(2) 体会长廊“长”的特点

①你从哪句话能感受到长廊的长呢？

学生回答：一眼望不到头，700多米，273间。

②理解：这是用什么来说明长廊的长？

补充资料：长廊全长728米，共273间，是中国园林中最长的游廊，1992年被认定为世界上最长的长廊，列入“吉尼斯世界纪录”。

③指导朗读：

(朗读) 是啊！700多米有多长呢？它相当于我们的操场跑道3圈多啊！跑也要跑一段时间，更何况是走啦！你能读出长廊的长吗？

(3) 感受长廊“美”的特点

你又是从哪句感受到它的美？

预设一：每一间的横槛上……相同的。

出示语句：

抓重点词语理解：能具体地说说读了这句话你知道什么了。（理解到色彩斑斓、内容丰富、画多、内涵丰富）

联系生活实际理解：你去看过那里的画吗？或者看过画的图片吗？来说说吧！

教师引导学生想象：看，这幅图是大家非常熟悉的《西游记》中大闹天宫、大闹蟠桃会的情景。这是“牛郎织女”，这是“孔融让梨”，这些人物都出自我国的古典名著啊！除了人物，还有山水、花鸟……据说长廊里共有14000多幅画呢！听了老师的介绍，现在就闭眼想象一下，你的头脑中会出现怎样的画面呢？

引导学生展开想象：这么多五彩的画放到700多米的长廊里，抬头看，向前看，往后望，到处都是五彩的画。一走进这样的长廊，你仿佛进入了什么样的世界？

说话练习：一走进长廊，就仿佛进入了______。（体会古代画家、工艺家的精湛技艺和伟大智慧）

小结学法过渡：刚才在理解句子时，我们用展开想象的方法，感受到了长廊的长和美。看第2段，还有哪儿也美啊？

预设二：抓住长廊两旁开满花，体会环境美。

预设三：抓住“神清气爽”，体会心情美。

(4) 指导朗读，总结学法

过渡：廊内的艺术美，廊外的风景美，相映成趣。这就是我国的园林艺术！走在这里，真让人流连忘返啊！那就让我们再看一看长廊吧！

师生接读。

总结学法：加上这些词语，你知道了什么？（作者是按不同的顺序，抓住不同内容来写长廊的）

看来，即使描写某一个景点也是有顺序的啊！同学们要学习这种写法。

在学生深入理解课文内容的基础上，引导他们有感情地朗读课文，背诵自己喜欢的或感受最深的句子、段落，抄写课文中的好词佳句，进行语言积累。学生经过读、背的训练后，培养了语感，感悟到课文的情境美、文字美，受到了美的熏陶。同时相机指导学生写作顺序及写法，做到工具性与人文性的统一。

延读创新，读写结合。

这一环节的目的是运用语文，增加学生的课外阅读量，把语文学习从课内延伸到课外，让学生学以致用，举一反三，真正把知识转化为能力。延读的内容可以是课文中知识的迁移，也可以是课外阅读。迁移的内容可以是读写方法，也可以是课文的语言材料。形式可以是口头的，也可以是书面的，还可以是语文实践活动。课外阅读的内容可以搜集、整理与课文有关的资料，也可以阅读合适的课外读物，并对其中的句段进行摘录，写写读后感。教师要利用一定的时间组织交流、评议，以提高全体学生的语文素养。

语文教学的主阵地是阅读的教学。我们在日常的教学过程中，应该善于从课文中挖掘和捕捉一些既有丰富的储存、积累价值，又具有丰富知识含量的内容，来对学生进行读写结合的训练。教学时按照“仿”—“学”—“创”三个环节循序渐进，做到从读到写，以写促读，读写结合，使学生获得读写的有关知识，经常进行训练，一定会培养和提高学生的读写能力。

二、数学学科如何优化课堂教学模式

小学数学教学内容包括数与代数、空间与图形、统计与概率、实践与综合应用四大领域。在数与代数中又包括数的认识、数的运算、常见的量和寻找规律四部分。

1.“数的运算”教学通用模式

对于“数的运算”，以往教学大纲上的要求是：学生算得正确、迅速，同时应注意计算方法合理、灵活；注重口算训练，重视使学生掌握计算和验算的方法。

数学课程标准中提出这样的要求：“结合具体情境，体会四则运算的意义”，“能结合具体情境进行估算，并解释估算的过程”，“经历与他人交流各自算法的过程”，“能灵活运用不同的方法解决生活中的简单问题，并能对结果的合理性进行判断”。

新旧对比，我们发现这一学习领域无论从目标、内容、结构，还是数学活动等方面都有比较大的变化。表现在：重视在具体情境中去体验、理解有关知识；注重过程，提倡在学习过程中学生的自主活动，培养发现规律、探求模式的能力；注重应用，加强对学生数学应用意识和解决实际问题能力的培养；注重估算；等等。可见，新课标的提出，从教学理念上发生了根本性的变化，这种变化的本身其实就是一种创新。

模式的操作要点

模式的第一步：创设、供一些常见的学生熟悉而又感兴趣的实际生活情境，让学生从数学的角度获取信息、提出有价值的数学问题，体验数学与生活的密切联系。

模式的第二步：分两个环节。一是让学生根据已有的经验列出算式；二是估一估计算的结果，说清估算的不同策略。目的是一方面培养学生的估算能力，另一方面激发学生探求准确结果的求知欲，体验计算的必要性。（这一步是本模式的核心之一）

模式的第三步：鼓励学生独立思考，利用已有知识经验，尝试用适合自己的方式寻求解决问题的算法，使人人都能参与，为创新提供机会。

模式的第四步：组织学生在小组长的带领下交流各自的算法，说明算理，拓宽思路。

要使组内交流的环节有实效，平时一定要做好组长的培训工作。在交流中，组长要注意合理分工，适时地调控，注意让学困生先讲，保证组员的参与度，有时也可省时间，让同桌互讲。教师要参与组内学生的活动之中，认真倾听并适时点拨引导，要关注每一个学生表现，灵活地与组内成员进行交流，及时发现问题，并提供改进意见。同时教师选择汇报小组板书，为下一步交流做好准备。

模式的第五步：以组为单位在全班进行交流并整理不同的算法，进一步体会算法多样化并沟通算法间的联系，掌握基本算法。（这一步是本模式的核心，体现师与生、生与生、小组合作中信息交流的立体结构，充分展示教师的主导与学生主体作用）

这一环节需注意四个问题：

第一，在学生汇报不同算法时，教师要适时引导学生思考有关算理的关键性问题，这样可以避免教师在课堂上出现能放下去却收不回来的问题。

第二，在小组长组织汇报时，教师要引导小组长采用不同的方式汇报，可以通过“同学讲题”“小组发问，下面同学回答”“同学提问，汇报小组解答”的方式，还可以用“猜对方思路”等方式，加强生与生的互动，调动每位学生参与多种方法学习的积极性，这样可以避免课堂上出现一部分学生在讲，另一部分学生在听，或者有些学生不能把注意力投入课堂中，“事不关已，高高挂起”的现象。

第三，教师要引导学生沟通算法间的联系与区别，进行分类，通过比较各种算法的合理性、通用性，体会最佳算法，并加深对算理的理解，体现分类转化数学思想方法的渗透，使学生的原有认知得以提升。如本课“口算、简算、竖式”方法之间的联系，还有估算与准确计算之间的联系等。

第四，体验基本算法，培养学生用准确的数学语言讲清算理，并规范书写格式。

模式的第六步：提供基本练习题，巩固基本算法，并用自己喜欢的方法进行合理验算。正确处理基本算法及算法多样化之间的关系。

模式的第七步：灵活运用算法，解决生活中的实际问题，使学生感受学习数学的

价值。(注意所设计的练习内容应关注到基本练习与算法多样化之间、最优化与基本点之间、基础知识与基本技能之间的协调发展)

本教学模式的三个特点:

第一,模式的通用性强。

第二,本模式充分体现了数学的"工具性"。该模式在教学中关注学生进行笔算是为了解决生活中的实际问题,而不是为了计算而计算,这与原来的教学目的相比,有了很大的变化。以往把计算当成目标,就会不断地训练学生的计算技能,提高学生的计算速度。此模式使学生把主要精力放在探究算法上,从而改变了计算教学枯燥呆板的现状。

第三,本模式可以有效地贯彻新课标中的"估算意识的培养""算法多样化""小组合作学习"等理念,可以高效率地促进教师对新课标中这些先进理念的理解与实践,有效推进数学课程改革的进程。

总之,新课标理念下的数的运算通用教学模式,一改以往计算教学的枯燥乏味,使之充满了生机与活力。模式的使用,不仅关注了问题的解决,更关注了数学思考的过程,不仅关注了知识与技能,更关注了学生在学习过程中的情感态度和价值观,使学生在获得对数学理解的同时,在思维能力、情感态度与价值观等多方面得到了和谐发展。同时对模式的研发,深化了数学研究,模式的运用又普及了新课标理念,点面结合,有效地提高了教师的课程实施能力。

2.“数学概念”教学通用模式

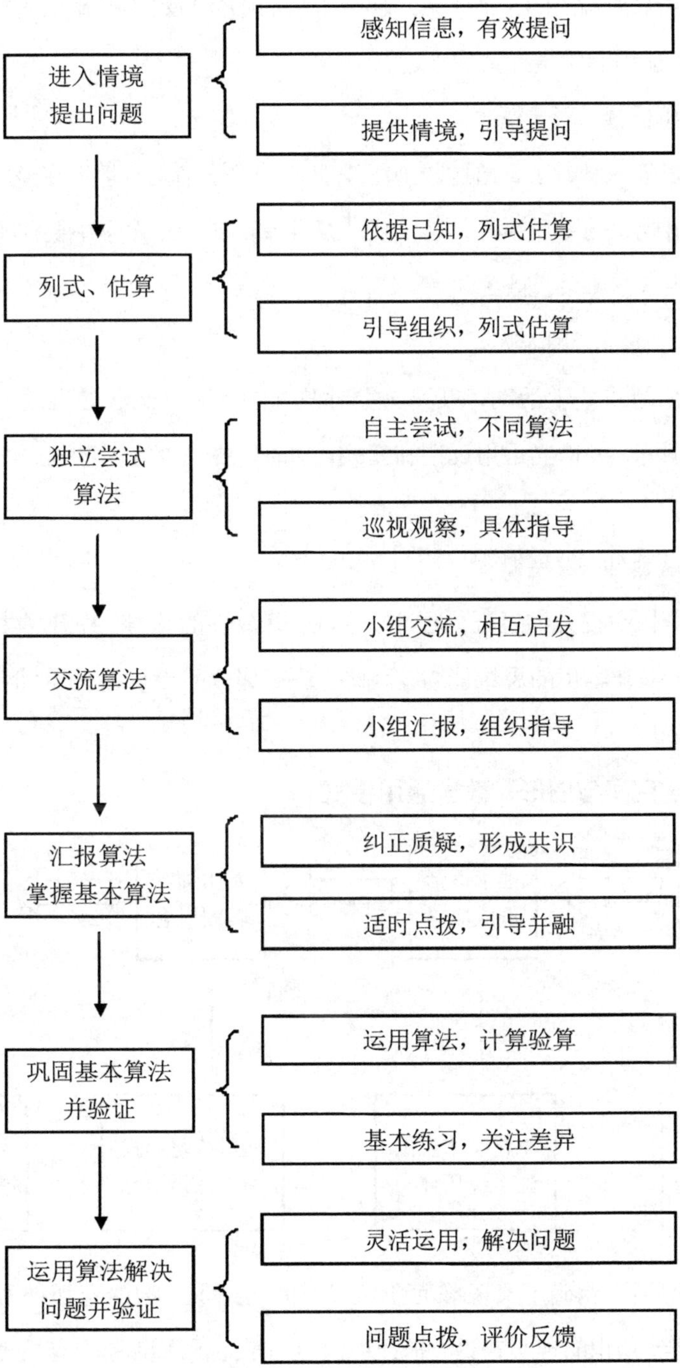

（1）联系生活，引入概念。

以与学生生活贴近的、学生感兴趣的丰富的感性材料为基础引入概念，概念的引入要简洁，以能引起学生探究的兴趣。

（2）抽象概括，形成概念。

在丰富表象的基础上，通过教师组织有效的教学活动，学生在经历、体验中逐步抽象、概括出概念的本质属性。这一环节是课堂的重点，教学中要注重提炼过程，要注重引导学生自主体会、感受。

（3）基本训练，巩固概念。

通过训练题或数学活动，巩固学生对概念的理解，概念的巩固要及时，要加强对比与类比训练，要恰当运用反例和变式，同时，要注重练习过程中的即时反馈与评价。

（4）拓展延伸，发展概念。

就是一个概念提升的过程，通过综合性、开放性的练习，提升学生运用概念解决问题的能力，提升学生的思维能力，因此，这一部分的设计要注重综合性、灵活性、应用性。

3.“数学空间与图形”教学通用模式

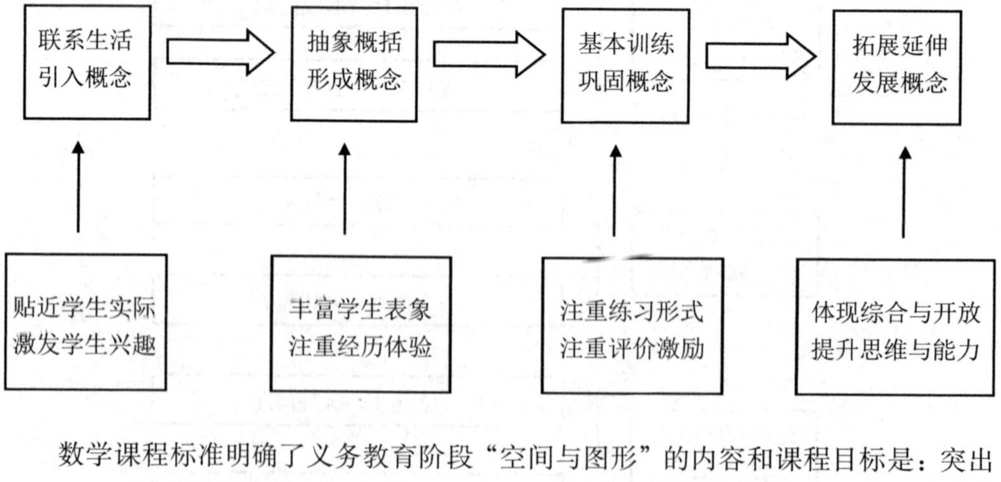

数学课程标准明确了义务教育阶段“空间与图形”的内容和课程目标是：突出“空间与图形”知识的现实背景，把课程内容与学生的生活经验有机地融合，与数学

课程中各个分支进行整合，从而拓展“空间与图形”学习的背景，使学生更好地认识、理解和把握自己赖以生存的空间，发展学生的空间观念和推理能力；注重使学生经历观察、操作、推理、想象等过程，倡导自主探索、合作交流与实践创新的学习方式，以真正体现“空间与图形”的教育价值。小学生年龄虽小，但在生活中积累了一定的生活经验，形成了不少的数学表象，教学中利用学生已有的生活经验，联系实际“做数学”，让学生从生活中来，到生活中去。让学生自己在身边所熟悉的事例中提取数学素材，学生感到亲切、自然、有趣，引发学习数学的欲望。

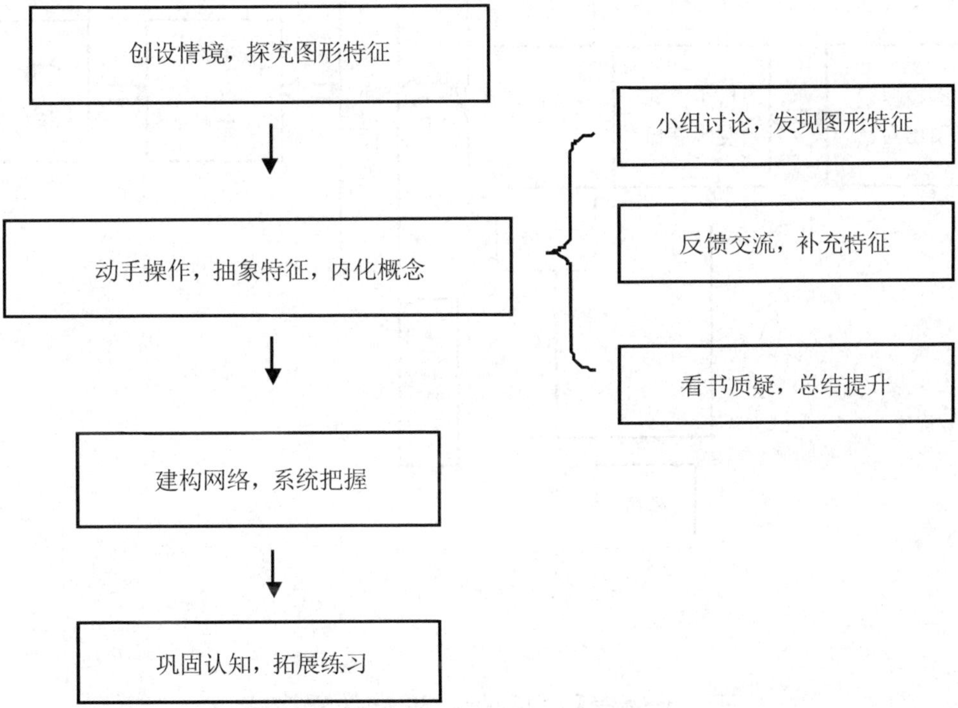

4.“解决问题”教学通用模式

新课标改革背景下，小学数学教学在许多方面发生了重大变化，解决问题教学便是其中之一。实验教材不再专门设置应用题教学单元，而代之以“解决问题”或“用数学”的称呼，并把它渗透在“数与代数”“空间与图形”“统计与概率”“实践与综合应用”等四大学习领域中。

总体目标：新课标规定“解决问题”的总体目标是“初步学会运用数学的思维方式去观察、分析现实社会，去解决日常生活中和其他学科学习中的问题”。

具体目标：①逐步学会从数学的角度提出问题、理解问题，并能综合运用所学知识和技能解决问题；②形成解决问题的基本策略，体验解决问题策略的多样性，发展实践能力与创新精神；③学会与人合作，能与他人交流思维的过程和结果，逐步形成评价与反思的意识。

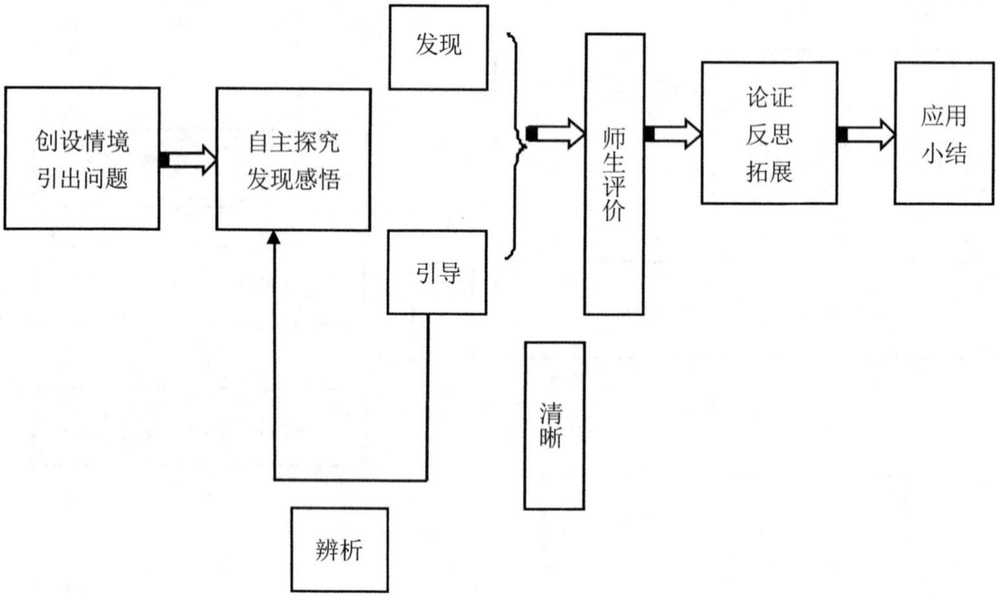

三、英语学科如何优化课堂教学模式

小学英语课堂教学模式基本上分为课前预习准备、课上合作探究和课后巩固扩展三大环节。课前预习准备环节主要是依托学生完成课前预习学案来达成预习目标，在此环节学生不仅提前预习了新授课文，而且也复习了与新知识有关的旧知识，使学生具备必要的认知前提，保证新知学习的顺利进行。

课上合作探究分为热身、新知呈现及趣味训练三大环节。情境热身是传授新课的

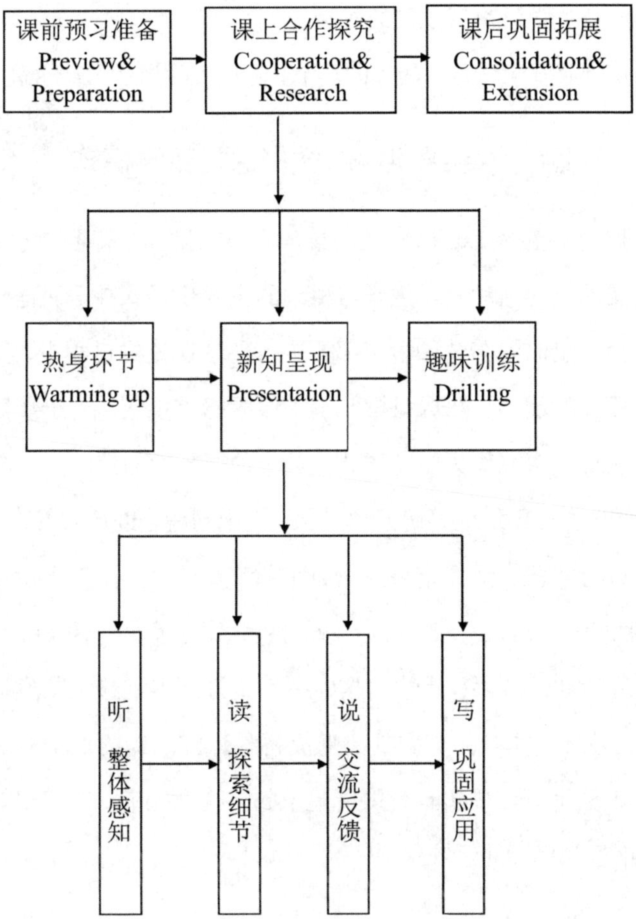

序幕，它为培养学生兴趣，抓住学生心弦，优化学生心境，以及新知识的探求、运用作了准备。成功而智慧的情景导入往往能唤起学生的求知欲望，激发他们积极参与语言交流的热情，并实现向新内容的自然过渡，减轻学生对新知识的陌生感，快速引导学生进入快乐、美妙的英语学习天地，也是一节课成功的关键。新知呈现是一节课的主干和重点部分。在朝阳区英语会话教学课题研究的基础上，我们英语组教师秉承让学生在整体课文中学习英语单词以及句型的要求，设计了以下四个授课环节：用听整体感知、用读探究细节、用说交流反馈、用写巩固应用。趣味训练是让学生在灵活多样的活动中，使新知得以消化。在设计此环节时，尽量避免枯燥乏味的机械练习，取而代之的是趣味训练游戏。如开火车、找朋友、抢答竞赛、角色表演、猜词游戏、头脑风暴等活动，让每个学生都有表现的机会。

课后巩固和拓展是知识转化为能力的环节，是训练学生运用英语进行交际的时机。

四、科学学科如何优化课堂教学模式

科学学习要以探究为核心。探究既是科学学习的目标，又是科学学习的方式。亲身经历以探究为主的学习活动是学生学习科学的主要途径。科学课程应向学生提供充分的科学探究机会，使他们在像科学家那样进行科学探究的过程中，体验学习科学的乐趣，增长科学探究的能力，获取科学知识，形成尊重事实、善于质疑的科学态度，了解科学发展的历史。探究作为学习方式，是一种教与学的策略。一个完美的科学探究活动，应该是“学生自己发现可研究的对象，提出问题，进行假设，拟定实验计划，收集相关资料，进行实验，分析结果并进行汇报、交流”。在教学设计过程中，根据学生探究能力的水平，设计由“扶”到“放”的一系列活动。不仅要引领学生经历探究，更要注重探究活动的效果，让学生从中在各个方面得到最大的发展。通过动手动脑，亲自实践，在感知、体验的基础之上形成科学探究的能力，而不是简单地通过讲授教给学生。这才是我们在科学教育中所追求的“科学探究”“情感态度与价值观”“科学知识”三维教学目标的系统达成。

附：

授课时间	2012-12-04	授课节次	第四节	授课班级	三（4）班
授课教师	刁爱武	授课内容	流动的水		
本课教学目标（含教学重难点）	教学目标 1.能在教师的指导下，按照教材图示，小组分工合作制作小水轮模型。 2.能对小水轮如何转得快做出猜测，并用实验证明。 3.乐意与同学交流看法，并用自己擅长的方式表达。 4.能举例说明流水有力量。 5.能意识到任何事物都有两面性，都有有利的和有害的一面。 教学重点 小组分工合作制作小水轮模型。尝试用对比实验的方法证明自己的猜想。 教学难点 能够对怎样使小水轮转得快做出猜测。				

续表

<table>
<tr><td>授课时间</td><td>2012-12-04</td><td>授课节次</td><td>第四节</td><td>授课班级</td><td>三（4）班</td></tr>
<tr><td>授课教师</td><td>刁爱武</td><td>授课内容</td><td colspan="3">流动的水</td></tr>
<tr><td>本课教学流程</td><td colspan="5">一、兴趣导入，提出问题
同学们，上节课我们制作了小水轮，谁愿意展示一下？
二、主题探究
1.猜测
小水轮转得快慢与什么原因有关？怎样使小水轮转得快？
学生小组讨论交流，教师引导。
全班交流，汇报自己猜测的结果。
2.设计实验
学生小组讨论，教师巡视指导。
学生小组设计实验，达成共识，最后全班交流。
交流时让学生畅所欲言，完成实验设计。（水流量越大，小水轮转得越快；水位越高，小水轮转得越快；水流越接近小水轮的边缘，小水轮转得越快）
三、教师适度指导
1.提供材料，降低设计实验的难度。如带孔的可乐瓶，可以控制水的流量。
2.指导学生设计实验。
3.确定要研究的问题是：水位高低；水量大小；作用点。
出示引导问题：
①在这个实验中，不变的条件是什么？变的条件是什么？
②需要变化的条件怎么改变？
③怎样保证不变的条件不发生变化？
④观察到什么现象？能说明什么问题？
四、实验探究
第一步：组装小水轮。
第二步：在某一个条件下实验。对比实验，改变变量，做实验，观察现象。
第三步：重复几次，观察现象。
第四步：分析现象得出结论。
第五步：用自己喜欢的方式记录。
教师巡视。
五、表达交流，形成结论
小组代表汇报实验过程和结果，小组进行实验展示。教师适时点拨，引导学生总结出小水轮转得快慢的因素和使它转得更快的方法。
六、拓展活动
流水能帮助我们做什么？它又有什么危害呢？</td></tr>
</table>

续表

授课时间	2012-12-04	授课节次	第四节	授课班级	三（4）班
授课教师	刁爱武	授课内容	流动的水		
突出优点	本课是在学生已经认识了水的性质的基础上，再来认识流动的水。 本课共分为四大部分：第一部分，制作小水轮；第二部分，让小水轮转动起来；第三部分，让小水论转得快；第四部分，流动的水在生活中的应用。 这一课充分体现了以学生为主体、教师为主导的思想。在第一课时，让学生自己动手制作小水轮，锻炼了学生的动手动脑能力。课后拓展部分让学生制造有趣的小水轮，是对本课学习兴趣的延伸，同时也培养了学生的想象力和创造力。第二课时，在引入部分，让学生在玩中发现问题。在探究部分，让学生先进行猜测，然后选择研究的问题，自行动手实验，自行整理信息，进行概括总结，从而完成了探究过程，这样充分体现了学生的主体作用。教师在学生活动中适时地巡视指导，及时给予学生需要的帮助。在学生探究过程中，教师设计了实验方案提示卡。学生实验时，教师对学生的适时指导及帮助，都体现了教师的主导作用。 本节课的实验设计主要采取小组合作探究的方式进行。小组探究给每个孩子提供了探究的机会，在小组的交流和表达中，大部分学生能发表自己的想法和见解，教师能介入学生的学习中，给学生提供学习指导。在这节课的合作探究中，实验前进行了明确的分工，让每个学生都积极参与，而且合作得较好，得出了自己的实验结论。				
改进建议	三年级学生初步接触科学，要逐渐学会做实验，长期这样培养下去，学生会养成很好的合作习惯，对其他学科的学习也有促进作用。				
自我反思，思考优化 本课中可优化的教学环节及措施： 本课中存在的主要问题： 1.在制作小水轮部分，学生动手能力较强，但在交流经验时，表达能力仍需提高； 2.在进行实验前的猜测时，部分学生思维不够发散，以后应多做这方面的练习； 3.猜测及实验用时过长，导致学生没有充分地汇报自己的实验现象和实验结果，在今后的教学中应注意。					

五、体育学科如何优化课堂教学模式

体育教学是教师教与学生学共同参与的交互活动过程。在这方面，“教为主导，学为主体”。在学生主体性教学思想指导下优化体育课堂教学过程。

1.优化教学内容，优选教学组织形式

在遵循体育教学大纲的前提下，尽量把每一节课的教学搭配得合理、有趣，或设

编各种不同的方式方法，如游戏、组织竞赛等，克服单一运动技术教学，向运动技能迁移运用方面转变，让学生有新鲜感。这样就容易调动学生学习锻炼的主动积极性，试想连续两周满堂课的长跑，学生的兴趣何在?

2.以启发式教学为特征，多种教学方法的综合运用和相互配合

要优化体育课堂教学，必须废除填鸭式教学，进行启发式教学，同时综合运用多种教学方法，让学生在教学中真正处于主体地位，充分发挥其积极主动性，不但知其然，更知其所以然。

3.改善课堂教学氛围

学生是有生命、有好恶、有主观意识的人，在教学中如果时时处于被动、压抑状态，何谈主动性和能动性，更谈不上创新精神。因此在体育教学中，教师要尊重学生的人格与权利，与学生建立民主平等的师生关系，形成健康、美好、愉快的气氛与情调，使学生在和谐、融洽、宽松的环境下学习锻炼，并不失时机地对学生在教学过程中显现出来的审美意向和创造性，进行形成性和激励性评价，加以鼓励赞扬，使学生获得心理满足，激发其学习的积极主动性。

4.积极引进美育机制

要优化体育教学，在体育教学中应适时进行美育，用体育中各种美的现象去激发学生体育动机，调动其积极主动性，使其倾心投入。体育教学中引进美育，应注意以下几点：

第一，教师示范动作和语言艺术美。

第二，场地器材布置美。做到场地干净、清洁舒适、粉线清晰，运动器材放置有序。

第三，教师仪表和教态美。

5.多种教学模式的综合运用

要优化体育课堂教学，应注意多种教学模式和方法的综合运用和相互配合，因为各种教学模式都有成功的优点和不足之处，只有集各家所长，结合自己和学生的实际情况，创造一种有个性特色的教学方法，才能更有利于调动学生学习的积极性，使学生迅速进入角色，全身心投入学习活动中去，提高体育教学效果。

优化体育课堂教学过程，还应强调以下几个问题：

1.现代化教学手段的实用性问题

体育教学中运用现代化教学技术手段，如图片、投影、摄像、计算机等多媒体，既是媒体，又是桥梁，不能只图花架子，摆得热闹，应力求实用。试想如果一节课大部分时间用到操作计算机和摄像放映上，学生实际学习和锻炼时间就太少了，整个课堂教学效果就不理想。

2.放羊式的学生中心论问题

优化课堂教学，重视学生主体地位，并不是一切以学生为中心，重学轻教，进行“放羊式”或“纯开放式”体育教学，而是着眼于发展学生的能力，让学生得以生动活泼地发展。这就要求教师更好地发挥主导作用。

3.继承传统与改革创新的问题

优化课堂教学，既要打破传统，又要继承传统，在继承传统的基础上有所创新。既要打破传统教学中不利于学生主动活泼发展的教学方法和模式，又要继承传统教学中优良的教学形式，并大胆改革探索创新，力求达到最优化的教学。如传统的体育教学顺序，在新旧教材的安排上一般准备活动后进行新教材的教学，真正发挥学习教材的教学 ，要优化课堂教学、调动学生的积极性就应打破这种不变的教材安排，根据教材的难易程度是否有利于尽快使学生进入角色，来安排新旧教材的先后使用，这足以打破传统教学的模式。

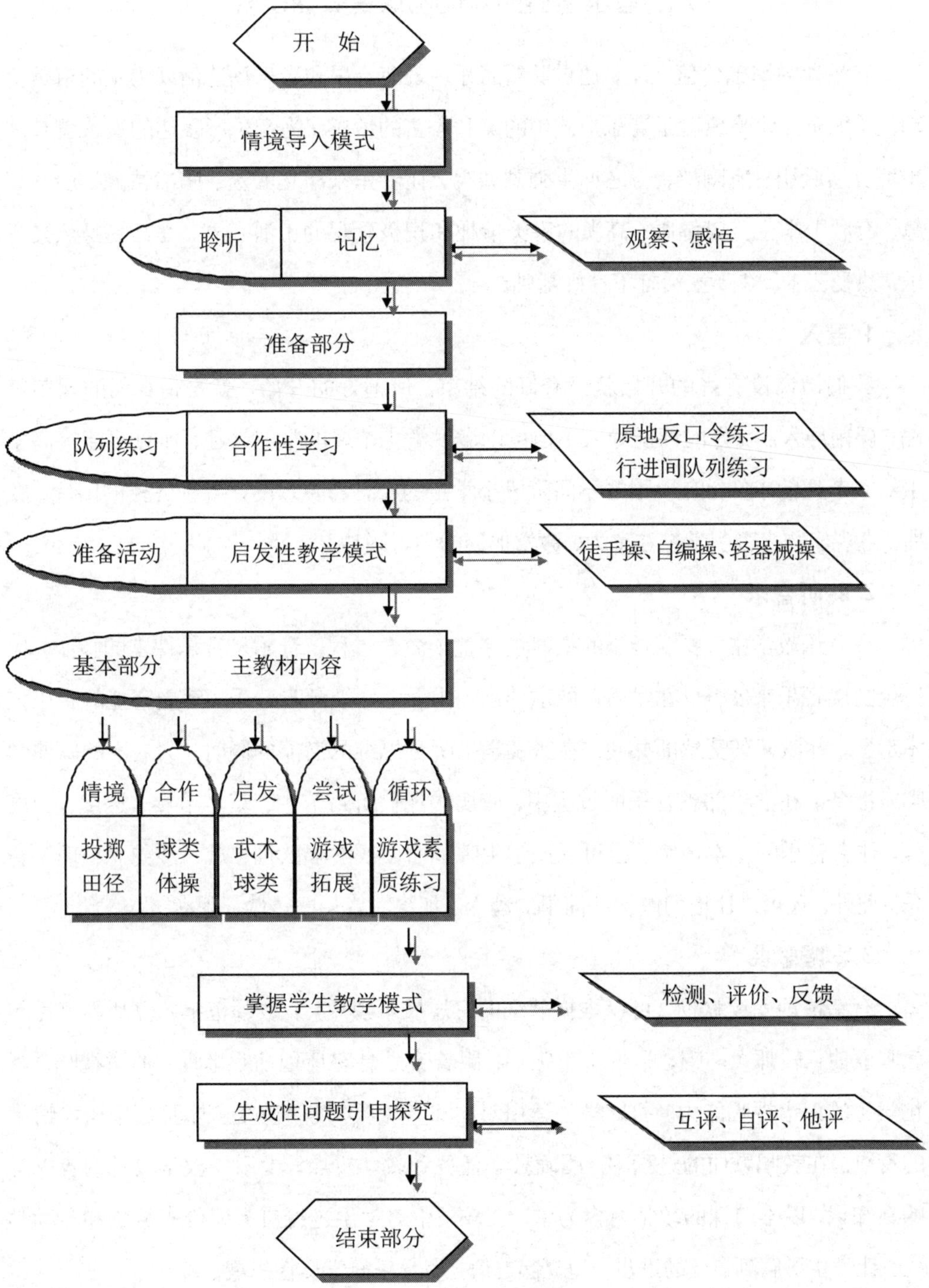
开 始
情境导入模式
聆听
记忆
观察、感悟
准备部分
队列练习
合作性学习
原地反口令练习
行进间队列练习
准备活动
启发性教学模式
徒手操、自编操、轻器械操
基本部分
主教材内容
情境
投掷
田径
合作
球类
体操
启发
武术
球类
尝试
游戏
拓展
循环
游戏素
质练习
掌握学生教学模式
检测、评价、反馈
生成性问题引申探究
互评、自评、他评
结束部分

六、音乐学科如何优化课堂教学模式

音乐课的基础价值在于，通过聆听音乐、表现音乐和音乐创造活动为主的审美活动，学生充分体验蕴含于音乐形式中的美和丰富的情感。为音乐所表达的真善美与理想境界所吸引、所陶醉，与之产生强烈共鸣，让音乐来净化心灵、陶冶情操、启迪智慧。有利于学生养成健康、高尚的审美情趣和积极乐观的生活态度，为其终身热爱音乐、热爱艺术、热爱生活打下良好基础。

1.导入

我们常说没有好的开始就没有好的结束。所谓好的开始，就是指我们的课前整理、课前导入。良好的课前导入不但可以激发学生浓厚的学习兴趣，而且更能提高学生对本节课的求知欲望。根据不同阶段小学生的心理特点，设计各种各样的图片、歌曲、直观实物来吸引学生注意力，激发他们的学习兴趣。

2.聆听音乐

在音乐教学中，要以音乐的主线贯穿整个教学过程。音乐是音乐课堂的核心，应完全围绕音乐来展开。在学习新的歌曲前，让学生仔细倾听音乐，感受完整的音乐艺术形象，并激起其情感的共鸣。在激发学生听觉思维的潜能的同时，为后面的歌曲学唱做准备。在学生熟悉音乐的过程中，应要求他们听辨节拍、基本节奏、速度、力度等，体会音乐的基本情绪。也可以让学生哼唱曲调或学唱歌词，进一步熟悉、理解音乐。此外，还可以让他们做一些简单的动作，加深对音乐的体验、理解。

3.学唱歌曲

有感情地朗读歌词（可以根据歌词的意思展示图片）；教师范唱；教师逐字逐句教唱歌曲；教师大声唱，学生小声跟唱；跟着音乐有感情地演唱歌曲；曲谱视唱，强化学生的识谱视唱能力。引导学生运用对比法、模唱法等，感受、体验每个乐段情绪的特点。在教唱歌曲的过程中，明确教学任务和教学重点，少添加教学设计内容以外的新知识，以本节课的教学内容为主。在教学中对学生进行口头评价来鼓励和激励学生，让学生了解到自己的进步，建立起自信，使音乐教学良性发展。

4.巩固与检测

让学生通过不同形式的小组组合与合作，在小组内共同学习。在小组长（指定或自选）的带领下，对所学歌曲进行巩固和创新。教师作小组活动要求，深入各小组的活动，及时了解活动情况，指导学生解决问题和完成任务的方法和途径，使各小组间有序、高效地进行合作学习。表演形式动作的设计与编排可由教师示范、讲解，也可以让学生根据音乐（或歌词）进行即兴创编，强化学生主动参与和交流合作的意识，学习方式的改变能使学生充分发挥想象力，有更多自我展示的空间。

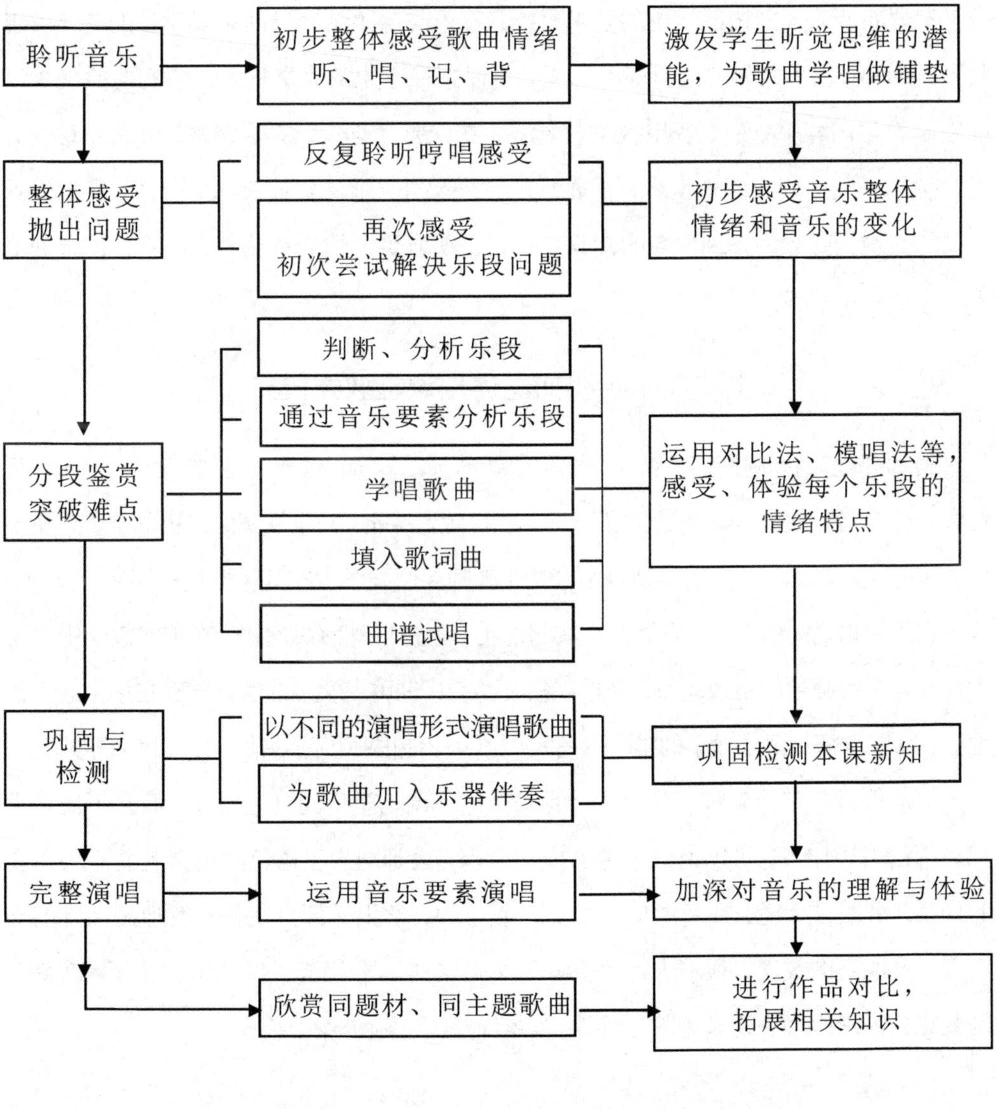

5.汇报交流

完成学习目标和任务的情况如何，需要在班级中汇报和交流。通过小组汇报的形式，学生在加深对歌曲的理解与体验的同时，还能借鉴别人的优缺点来纠正本组存在的问题。使学生从不同的角度展示自己的个性和对美的创造能力。

6.拓展延伸

只给学生提供一个范本，在很大程序上会限制学生的视野，不能在最大程度上开辟音乐学习的天地。教师除了提供音乐作品外，还有更多的拓展方法。音乐可以与美术学科联系起来，去拓展学生的艺术思维；音乐与舞蹈结合可以拓展学生的“音乐想象”；音乐与艺术之外的学科联系起来，可以拓展学生的人文视野。拓展延伸是为深入理解教学内容服务的，音乐教学，更需要在课堂教学中，立足课本，又跳出课堂，把学生带到更广阔的课外世界，把课堂延伸到课外，延伸到社会、生活；引导学生到广阔的天地去探索，去摘取新的知识之果，去获取更大的创造能力，才能真正做到培养学生的音乐素养。

七、美术学科如何优化课堂教学模式

美术课程应特别重视对学生个性与创新精神的培养，使学生思维的流畅性、灵活性和独特性得到发展，最大限度地开发学生的创造潜能，并重视实践能力的培养，使学生具有将创新观念转化为具体成果的能力。教师要引导学生在具体情境中探究与发现，找到不同知识之间的关联，发展综合实践能力，创造性地解决问题。在美术教学中要特别加强教学中师生的双边关系，既重视教师的教，也重视学生的学。要确立学生的主体地位，改变教师是课堂教学的唯一主角的现象，应提倡师生间的情感交流和平等关系。

好的课堂不仅要发挥学生的主体地位，充分调动学生的创造潜能，而且更应该发挥教师的引导作用。可以说一节课的成功与否，教师对自己角色的把握起着至关重要的作用，可以这么说，在新课标下的美术教学中，学生是课堂主体，教师是课堂的导火索，是课堂的灵魂。很多人或许会问，如果这样说不就成了以教师为主了吗？错！是要充分体现教师在课堂中的主导地位，但不是以教师的教为主。

第二节　第三、四学段优化课堂模式解读

一、优化课堂模式探索之路

第三、四学段的学生青春年少、朝气蓬勃，他们有自主学习的能力、探索问题的欲望，敢于发表看法，乐于展示自我。第三、四学段的教师勤奋进取、甘于奉献，他们在学生与教学事务中奔忙，个人有限的精力难以完成对教学美好的追求。为了我们的学生学得更轻松、更幸福、更有提升和发展空间，为了我们的教师不因事业而降低幸福指数，基于第三、四学段的师生现状，我们踏上了探索之路。

1.转变观念，初步探模

2011~2012学年，嘉铭分校把优化课堂模式打造作为教学改革实践的风向标，并让课堂改革成为教学工作的中心环节。教学部做好师生学习和动员，聘请专家为我们指引方向，传递教学最新理念与信息。学校成立优化课堂教学课题组，开展“课堂教学行为自我反思”活动，对前期的课堂教学情况进行自查自纠，梳理实验中所遇到的问题。2011年10月，我们制定并实施了“嘉铭优化课堂”初步方案。推出了教学干部探模课、教研组长引路课。以教研组为单位进行实践和研究，聚焦课程标准，聚焦教法学法，聚焦教学过程，聚焦学习能力，真正做到点上有研究，线上有指导，面上有落实。在教学实践过程中，“嘉铭优化课堂”教学基本要则和评价量表完成。

12月，我们成立了“优化课堂”评课核心组，启动了优化课堂第一轮赛课活动。共有18位教师，分别参加了语文、数学、英语3个学科的赛课。2012年1月14日举办了优化课堂阶段教学研讨会，交流了教学实践的感悟，分享了探索教改的经验，明确了

下一阶段的发展方向。教学心得集，赛课教案集，语文、数学"九年四段"大教研组建设四本教学成果文集出版。

第三、四学段优化课堂教学基本要则：

当堂示标、自主先学、合作交流、成果展示、归纳提升、效果回收。要则体现了不学不教、以学论教、以学研教、教学合一、教学相长的教学理念。

嘉铭优化课堂基本要则解读：

当堂示标：当堂出示学习目标，以目标为导向，可以激发起学生的探究欲望，让他们愿意去学习。在制定目标时教师要充分考虑到学生的实际需要，学习目标的制定要体现"三维目标"，具有可检测性、体验性、接受性。

自主先学：以嘉铭自主学习导纲和问题为切入点，给学生一个自主学习的机会。教师放手让学生独立思考、自主探究，给学生充分自主选择的机会和时间，让学生自主选择学习的内容和方式，能充分尊重学生的个性特点、学习差异。

合作交流：在基本上解决了"是什么"的问题后，还存在一个"为什么"和"怎么做"的问题，这就要求教师通过问题设置、活动设计等多种途径把这些东西呈现出来，然后让学生通过合作交流、争辩、质疑、讨论来解决，对已有的基础知识进行拔高和提升。在此环节主要为学生提供一个自主的时间和空间，让学生在课堂上能充分表达自己的所想、所说、所做。

成果展示：在这个环节中学生可以将自己在预习、学习、交流、讨论过程中的收获展示出来，看到自己的收获，学生会增加信心；认识到自己的知识漏洞，以便查缺补漏；记下自己的不足，寻求解决的办法，让自己未来的学习更加顺利。

归纳提升：对课堂内容进行系统升华，让学生对知识进行宏观认识和总结。教师在此环节要突出重点，强调易错点，补充遗漏点。

效果回收：不是所有的课堂都有当堂检测，但是教师要100%了解学生本节课的学习效果。教师要通过各种方式回收教学效果，明确每一节课的教学目标落实情况。教学效果在嘉铭课堂评价量表中占20%的比重。常态优质是我们永恒不变的质量目标。

具有嘉铭分校特色的评价量表：共分学习目标与内容、学习过程、教学方法与手段、学习效果、教学能力5个项目，14个评价要点。要点关注学生学习过程 ，关注学生学习效果，关注课堂结构，关注教师实时调控。

2.多元学习，研模提升

围绕科学施教、因材施教、快乐施教的三施教文化和教师五项能力修炼，通过多元学习，促进教师专业发展，推进教改进程。学校邀请区教研员来校指导，带领教师外出考察，建立导师带教制度，为教师提供各类教育书籍，鼓励教师撰写读书笔记，帮助教师完善专业发展档案。结合专家每月进校园契机，开展学科优化课堂研究课，全校观摩，教研组与专家面对面深入研讨。为了使教师真正地投入课改活动中，学校开展了人人参与的第二轮赛课活动。在与专家的碰撞中，在教学实践的过程中，嘉铭分校“优化课堂”的课前“三问”、课中“三看”、课后“三思”的教学标准应运而生。

三三三优化课堂教学标准：

课前三问：

一问目标——学生学到什么；

二问设计——学生怎么学；

三问效果——怎么知道学生学会了。

课中三看：

一看学生主体参与度；

二看学生思维的广度、长度与深度；

三看学习成果展示真实度。

课后三思：

一思学生和教师的快乐指数；

二思学生对本节课的掌握度；

三思教学中存在的问题及改进方案。

3.学科定模，优质打造

2012年暑假，陈经纶中学一如既往地开展了具有经纶特色的校本教研。聘请区教研中心专家组成评审团，学校教师以教研组为单位全员参与，对本学期教研组规划进行答辩。嘉铭分校的教研组规划得到了专家的认可与好评。依据教研组规划，本学期完成学科不同课型的优化课堂教学模式。在上一学年教学成果的基础上，通过组内定模—教师研型—课后研讨—提炼升华，初步完成了本学科重点课型的教学模式。以区教研中心最新下发的《朝阳区普通中学课堂教学评价量表》为评价标准，经过两轮研究课进一步验证优化课堂模式的可行性，并对教学模式进行反思和改进。同时推出35节达标课、12节优质课。

二、学科优化课堂教学模式概述

我们不能把鲜活的课堂模式化，但是教学需要模式，因为教学的各个环节在构成一定的逻辑联系的时候，也就在呈现着不同的模式。模式是一个可操作的参考框架，是不同行为之间出现的逻辑链接。立足学生学习能力提升，依据新课标以生为本的核心理念，围绕教法即学法的教学理念，在嘉铭分校优化课堂要则和标准的指导下，第三、四学段学科优化课堂教学模式基本形成。

语文学科推出四步教学法，并探索了教读课、自读课和文言课课型模式。

语文优化课堂教学模式体现了充分的探究性、广泛的交互性和高度的开放性特点。

数学学科形成了法则课、定理课和专题课课型模式。

理化生学科运用学案引领、思维创新模式。

课前通过导纲，学生自测学习效果，学生带着问题进入课堂，通过分层探究，提升学生思维的长度、深度和品质。独创的高、中、低三人合作小组模式，是理化生组的课堂特色。

英语学科依据多元智能理论，结合英语学科应用性、新异性、记忆性、人文性学科特点，分为听说课、课内阅读课、报刊阅读课、写作课课型模式。

第三、四学段的劳技、历史、地理、政治、体育学科也形成了具有学科特点的课型模式。

三、优化课堂教学模式打造的保障措施及收获

通过编写导纲与导学案、完善集体备课制度、确立科研课题三方面来保障优化课堂教学模式的构建。

1.编写导纲与导学案

没有适合的教学资源，就没有优化的课堂教学。学习资源的优化实质就是学习内容的优化。嘉铭分校在教学改革中重点关注国家课程教材的二次开发，加强学校课程资源建设。在暑期的校本培训中，教学部提出打造优化课堂，开发校本资源先行的教学举措。明确提出以教研组为单位，依据课程标准对既定教材进行适度增删、调整和加工，合理选用和开发其他教学材料，从而使之更好地适应嘉铭教学实际和学生需求。着手编撰学科《自主学习导纲》和《课堂同步导学案》等校本教学资料。《自主学习导纲》使学生有目的地进行课前预习，培养学生的自主学习习惯，引导学生自主分析问题、解决问题，带着问题进课堂。《课堂同步导学案》编写遵循的基本原则是主体性、导学性、探究性、层次性、开放性、创新性和实践性。对学案编写要求明确学习目标、凸显教学重点、破解教学难点、提供学生能力提升的“支撑点”、激发学生主体意识的“兴奋点”。目前，语文、数学、英语、物理和化学五大中考学科都完成了《自主学习导纲》及《课堂同步导学案》的编写。地理、历史、政治、生物、劳技、音乐学科也完成了主要课型的学案编写工作。

2.结合量化考核，完善集体备课制度

集体备课的特点：

计划先行、周周反思——学期工作计划、周授课计划、学情分析

学案载体、物化成果——导纲、学案、检测试卷

备课署名、人人提升——备课主讲人制、集体备课月

量化考核、切实推行——月考核与学期考核

教学部推出的量化考核是对教师教学工作方方面面的考核，自实行一年多来，受到了教师的广泛欢迎与支持，它对课堂改革起到了保驾护航的作用。其中对教师教学

质量的考核就是对备课组整体进行考核，这种捆绑式考核，成为集体备课扎实开展的助推剂，也把集体精神和团队力量提到一个至关重要的位置和高度。

3.人人参与的科研课题

让科研成为习惯是我们教科研的口号，是我们追求的境界。嘉铭分校以“用教科研践行经纶三个个性化的办学目标”为口号，围绕课堂教学改革，提出教研组组组有课题，科研课题人人参与的要求。

目前我们有国家级科研课题子课题一个、市级科研课题子课题一个、区级重点课题一个、校级科研课题七个。

4.收获

通过课堂听课、师生座谈、师生问卷、教学热线、成绩跟踪等方式，我们不断收集教改的信息，发现了一些变化：

教学方式的转变是课改以来最为显著的变化，课堂精讲多导，教师真正践行了以学生为中心的新课标理念。精彩设疑的问题课堂，激情奔放的情感课堂，教学相长的实效课堂，展示课题方向的研究课堂，给学生发展提供最大的空间；学习方式的多变，充分给予了学生交流、展示的机会，学生的学习能力、实践能力、创新意识得到了有效提升。这样的探讨、质疑、补充、共享的过程，必然引起师生关系的变化。一种积极探索、和谐融洽、平等互尊的师生关系正在逐渐建立起来。通过教学研究，学校教师参与教研的深度和广度有了改变。通过人人参与课题研究，通过参加各种教学评比活动，教师们认真梳理了心得、笔记，反思教学实践，撰写科研论文并整理出书，提高了成果意识。

回顾我们的教改之路，我们累并快乐着，因为通过我们辛勤的努力，在课堂教学改革之路上迈出了坚实的一步。教育改革，就是要在教与学之间寻找最佳结合点，实践证明，这个最佳结合点是优化课堂教学，提高课堂效益。虽然我们的教学改革取得了一定的成绩，但是还有许多问题引发我们深度思考，路漫漫其修远兮，嘉铭分校将在教改之路上不断求索，相信通过我们的努力与探索，在经纶教育史上定会书写浓重的一笔，盛开一朵朵惊艳的奇葩！

四、语文学科如何优化课堂教学模式

1.优化课堂模式的依据

任何教学模式都是某种教学思想的外在表现。有什么样的教学思想就有什么样的教学模式，教学模式的优化其实是教学思想的优化。因此要想优化教学模式，就必须树立优化的教学思想。

(1) 教学活动要以学生为中心

教学是一种师生共同参与的发展心智的活动，在全部活动中学生应该始终处于中心的地位。在这一过程中，教师所作的一切都是为学生服务的，都是要以学生获得发展的需要为转移的；换言之是为学生能够生动、活泼、主动地参与教学活动创造条件的。学生是课堂的主人，课堂是学生的舞台。

(2) 经历学习过程比获得结论更重要

教学的目的不单纯是为了使学生获得某种知识的结论，更重要的是让学生经历获得知识和运用知识的过程。他们只有在经历这一过程的活动中，才能使才智得到发展，才能学会怎样去发现问题，怎样去解决问题，才能产生探索的欲望，获得创造的能力。这绝不是仅仅记住现成的结论所能奏效的。《中共中央国务院关于深化教育改革全面推进素质教育的决定》中也指出：“智育工作要转变教育观念……激发学生独立思考和创新意识，要让学生感受、理解知识产生和发展的过程。”因此，如何设计好使学生获得发现问题、探索问题、解决问题的丰富而真切的人生体验的课堂活动，是教学中第一重要的问题。

2.优化课堂模式的形成

(1) 基本模式

无论是什么问题的文章，语文课堂都有其共性的东西，所以这里提出一个语文课的四步教学法基本模式：

四步教学法

自学释疑，整体感知

学生训练，合作探究

反馈矫正，读写巩固

延伸迁移，联系实际

①自学释疑，整体感知：通过自读课文，自查字典解决生字词，自己分段，自己归纳段意和中心，自己总结写作方法等，解决一些疑难问题。

②学生训练，合作探究：围绕教学重点，让学生合作解决问题，培养学生解答问题的能力，教师重在方法思路的引导。

③反馈矫正，读写巩固：通过做题、朗读、片段写作等方式进行提问、抽查、学生互查、自查、板演等检查学习效果，用统一讲解矫正、同桌互相矫正、小组矫正、课堂矫正、课下矫正、作业批改矫正等方式达到巩固目的。

④延伸迁移，联系实际：可以选取课外读物进行阅读，还可联系社会生活进行说话练习，或进行片段写作练习。

（2）细化模式

根据语文课的特点，可从内容性质上分为教读课、自读课、文言课、作文课、复习课等。

①教读课：六步法。

导入→读书→质疑→讨论→矫正→拓展

做法是：教师引导，激发兴趣；认真读书，做好准备；定好方向，提出问题；讨论交流，解决问题；反馈矫正，适当点拨；归纳小结，巩固拓展。

②自读课：学生自主学习。

自读定标→小组研读→反馈订正→巩固总结

做法是：学生自读课文，与教师一起定出学习目标；分小组研读，完成目标；小组展示，反馈内容，集体订正；巩固练习，总结提高。

③文言课：读议训练法。

目标定向→预习检测→合作探究→展示点拨→归纳提升→效果检测

首先确定本课的学习目标，明确了目标就有了学习的方向；然后进行预习检测，重点检查诵读；然后小组合作探究文言文的内容；学生展示，教师点拨；师生一起归纳总结；最后效果检测。

其重点环节在诵读和讨论。诵读以加深印象，培养文言语感，增加文言知识积累。讨论以扫除学习障碍，深入理解文章内容。

附：

<table>
<tr><td>课题</td><td colspan="3">我的叔叔于勒</td><td>课型</td><td>讲读</td><td>学　科</td><td>语文</td></tr>
<tr><td>授课年级</td><td>九年级</td><td>授课时间</td><td>2012-09-24</td><td>课时</td><td>第二课时</td><td>授课教师</td><td>王文权</td></tr>
<tr><td>教学目标</td><td colspan="7">1.学习剖析人物的方法。
2.学习运用描写方法表现人物。
3. 初步欣赏小说。
4.人间处处有真情。</td></tr>
<tr><td colspan="2">教学重点</td><td colspan="6">学习运用描写方法表现人物。</td></tr>
<tr><td colspan="2">教学难点</td><td colspan="6">初步欣赏小说。</td></tr>
<tr><td colspan="2">教学方法</td><td colspan="6">研讨、讲授。</td></tr>
<tr><td colspan="2">教学用具</td><td colspan="6">多媒体。</td></tr>
<tr><td colspan="8">教　学　过　程</td></tr>
<tr><td colspan="2">主要环节及设计</td><td colspan="5">教师活动</td><td>学生活动</td></tr>
<tr><td colspan="2">一、导入

目的：激发兴趣，切入主题。</td><td colspan="5">一、经典语言（导）
在世界文坛上，擅长写短篇小说者比比皆是，但真正称得起“巨匠”的，却寥若晨星。法国最优秀的批判现实主义作家莫泊桑，便是灼灼耀目的一颗。他在短短十余年的创作生涯中，写了约300篇中、短篇小说，虽不能说篇篇精粹、字字珠玑，但着眼整体，委实花团锦簇、异彩纷呈。其中的名篇佳作，令人心驰神往，虽掩卷仍久久激荡于胸。发表于1883年的《我的叔叔于勒》就是这样一篇作品。它虽难与《羊脂球》媲美，但足以体现莫泊桑短篇小说的风格、特色和功力。</td><td>思考</td></tr>
<tr><td colspan="2">二、目标制定
目的：明确目标更有利于学生学习</td><td colspan="5">二、制定目标（定）
1.体会小说一波三折的情节。
2.分析人物形象。
3.体会文章主题。</td><td>明确</td></tr>
</table>

续表

课题	我的叔叔于勒			课型	讲读	学　科	语文
授课年级	九年级	授课时间	2012-09-24	课时	第二课时	授课教师	王文权

三、体会小说中人物形象	三、完成目标（学） 完成目标一 学生说方法　划分层次法 体会称呼法 画出文中全家对于勒不同的称呼词语。 体会为什么称呼会有所不同。	全家唯一的希望 全家的恐怖
目的：通过称呼的变化体会人物性格 目的：多角度体会文章主题	完成目标二 体会文中人物言行体现出的内心世界 （根据班级的特点，老师设计了几处重点打在幻灯片上让学生一起理解。可以让基础好的学生在书中找自己喜欢的句子加以分析） 小结： 莫泊桑写人物，不是在外貌的描绘上下功夫，而是深入人物的内心；这内心世界的揭发，又绝不靠作者的申说，而是用人物的语言、动作、神情等，让它们自己去自然地表露。	分文不值的于勒 正直的人、有良心的人 好心的于勒、有办法的人 这个家伙 小子，贼，讨饭的，流氓 我的叔叔，父亲的弟弟，我的亲叔叔 学生体会理解，完成学案
	完成目标三 一篇小说的灵魂在于立意。立意的正谬、深浅，往往直接决定作品的成败、优劣。 “金子，黄黄的，发光的，宝贵的金子！只这一点点儿，就可以使黑的变成白的，丑的变成美的，错的变成对的，卑贱的变成尊贵的，老人变成少年，懦夫变成勇士，这黄色的奴隶！” 主题：社会中异化的人与人的关系	讨论 自私虚伪 冷酷无情 势利贪婪 金钱至上 倾听、理解、感悟
四、作业	假如你就是若瑟夫而不是一个无关的旁观者，那么： 1.你痛恨于勒吗？课文是怎么表现的？	

续表

课题	我的叔叔于勒			课型	讲读	学　科	语文
授课年级	九年级	授课时间	2012-09-24	课时	第二课时	授课教师	王文权
	2.你会嘲笑你的父母菲利普夫妇吗？课文是怎么表现的？ 3.你觉得于勒是个什么样的人？课文是怎么表现的？ 主题：小人物生活的辛酸 四、布置作业 完成学案 于勒的外貌描写浅析						学生理解 思考　讨论
教学反思							

五、数学学科如何优化课堂教学模式

由于不同年龄阶段学生的学习特点不同，根据学生的学情，以备课组为单位对几个重点课型的模式进行了初步的探讨。

1.七年级“法则课”教学模式（4环节）

教学环节主要包括：课前预习→课堂展示→交流互动→总结提高。

课前预习——各小组组织组员通过课前预习学案的“学习准备”，预习本节课要用的相关知识；根据自己的疑惑，或者学案、老师提出的问题，结合教材和学案完成自主探究环节。

课堂展示——上课时，先由小组派代表在全班对预习案上的问题进行解答，然后再通过老师或同学的质疑、点评、补充，引导学生在探究法则的过程中学会观察、发现共性，找出法则的条件、结论的关系，找出与过去学过的知识有无相似和易混淆的地方，并探讨如何区别。

交流互动——让学生都能用符号和语言来读、写这些法则，并通过自学例题后，自己尝试套用法则解题。在这个过程中，各小组各自进行互助，发挥小组合作的优势，讲解、辅导、督促组员熟记法则，并能进行简单应用。这个过程一定要让所有同学都有发言的机会，让他们背公式、说算法、写步骤，迅速地熟记法则。

总结提高——在这个环节中，要让学生总结解题的步骤、关键、注意事项和一些解题的技巧，引导学生通过反思，认清法则的实质，优化解题过程，总结解题经验，拓展思维。然后，再让学生练习几道能够直接应用法则解决的题目，再次熟悉法则，在准确的基础上提高速度，进而按同样的方法进行变式练习，在这个过程中要让学生有出错的机会、展示自己想法的机会。对于方法不唯一的题目，要让学生讲清自己的做法，观察比较方法的合理性，了解方法是否正确、简便；若错了，由学生指出错在哪里，怎样改正。最后由学生自主归纳，教师提升，而后完成课堂检测。在这个学习过程中，还应向学生渗透类比、转化等数学思想，让他们在以后的学习过程中有所认识。

2.八年级“定理课”教学模式（7环节）

教学环节主要包括：预习展示、交流分享→定理探究、体验过程→尝试练习、理解定理→例题示范、应用定理→拓展提升、形成能力→自主归纳、升华定理→随堂检测、反馈矫正。

（1）定理探究

通过小组的交流，学生对定理有了进一步的认识，但对定理理解并不深刻，学生往往重结论，而忽视了定理形成的过程，以及定理证明中蕴含的数学思想方法。教师应引导学生经历观察、实验、猜想、论证等活动，让学生经历定理形成的过程，进行深度探究，要知其然，也要知其所以然。

（2）尝试练习

尝试练习不宜过多，也不要过难，主要让学生巩固定理，会区分定理的条件、结论，会利用定理进行简单的计算与证明，要求学生独立完成。

（3）交流展示

①典例析解

选取具有代表性的例题，一般一至两道题，在学生独立思考的基础上，让学生剖析解题思路，优化解题方法，反思数学规律。

②拓展提升

对典型题进行变式训练，一题多解，一题多变。注重思想方法的渗透，培养学科素养，提升学生学习能力。

（4）自主归纳

放手让学生自己进行知识小结，整理本节课所学知识及应注意的问题，特别是提炼数学思想方法。

（5）课堂检测

最后用一组题目对本节课知识进行自我诊断，限时完成，当堂进行小组内批阅、修改，及时反馈教学效果。

3.九年级“专题课”教学模式

九年级主要从三个方面来优化课堂：课堂专题学案，课堂小组合作，相互听课评课。

九年级自开学以来，老师们积极开展集体备课，重点研究课堂学案。根据年级特点，制定出符合年级特点的学案模式：预习检测—课堂探究—课堂小结—课堂检测—课后作业（包括巩固作业和预习作业）。通过集体备课探讨，老师们进行合理分工，至少提前一周备出下一章的整体学案，并结合中考和各区模拟试题，整合出专题，注重平时就以专题形式来提高学生的综合解题能力，而不是等到复习阶段再做这件事情。集体备课的时候还一起讨论周考试题的内容和设计，努力做到在考查学生双基的同时考查学生的能力，并一起做题，交流做题方法，提高自身的解题能力。

九年级的课堂仍然采取小组合作模式，通过小组合作交流，能很快解决个别学生的问题，并且能集思广益，提高解决问题的能力，并通过建立评价体系，激励小组竞争，提高学生参与的积极性。

在集体备课的基础上，我们还积极相互听课，并认真评课，毫无保留地发表了自己的看法，广泛听取了其他老师的评课意见，遇到广泛质疑的问题积极参与讨论，在教研中提升了自己。在评课的过程中，我们会结合九年级的课堂模式和学案模式相互讨论，不断地改进和提高。

另外，九年级备课组坚持周考，能做到认真批改和讲评，做到查漏补缺，做到能力培养，并根据周考情况及时调整学案内容，做到有的放矢。作业能做到全面批改和及时讲评。

总而言之，九年级备课组在整个教研组的领导下，一步一个脚印地完成了教学任务，并做出了自己的特色，展示了自己的能力，更重要的是表明了认真的态度，也取得了一定的进步。

4.三种教学模式共同特点

(1) 小组合作，突出实效；

(2) 总结反思，贯穿始终；

(3) 思想方法，渗透自然；

(4) 能力培养，提高素养。

通过优化数学课堂教学模式，不仅学生的学习能力有了很大的提高，而且教师的施教能力也有了长足的进步，我们将继续完善和优化课堂教学模式，使教学常态优质。

六、英语学科如何优化课堂教学模式

1.听说课教学模式

听说课以听说为主，读写结合，重在训练学生的听说能力。教材中为我们提供两段或一段对话素材，教师要根据教学目标对这些素材深入研究和挖掘，灵活运用，为实现教学目标服务。

(1) 预习展示

布置学生预习词汇和句型，词汇要求能够根据音标读出并了解汉语意思，句型要求学生说出句型结构，目的是培养学生自主学习词汇和句型的习惯。课堂一开始通过小的检测来检查学生的预习效果，同时为听说扫除词汇障碍。

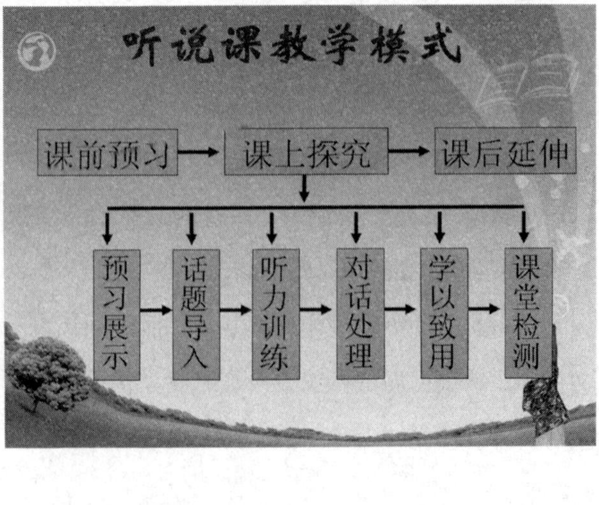

（2）话题导入

教师通过多种方式，引导学生了解本节课的听说话题，如提出问题进行讨论，结合图片加以谈论，观看短片引发思考，等等。其目的是激发学生头脑中的已有信息，激励学生去探寻未知信息，让学生主动进入听说环节。

（3）听力训练

根据听力素材内容和学生实际水平，教师深入挖掘素材，活用素材，设计由易到难，多层次的听力练习，使学生得到扎实有效的听力训练；听力练习除了常用的判断、选择、连线等，尽量设计有听后写的形式，贴近中考题型。

（4）对话处理

这是让学生对听力材料进一步熟悉的过程，要求学生在听后读，跟读、朗读、分角色读等；再要求学生在读后学，学习和突破对话中的知识点和语法点、词汇和句型等，采取精讲多练的形式，必须辅以充分的练习。

（5）学以致用

根据对话内容和所学新知识，进行学后说的训练，教师设计低起点、多层次的说的训练项目，采取个人、结对、小组合作等形式，完成真实性任务，训练学生语言的综合运用能力。

（6）课堂检测

教师对本课所学知识进行小结，帮助学生厘清知识脉络，设计书面练习，综合运用本课所学知识，起到巩固检测的作用。

2.阅读课教学模式

阅读课是以阅读为主，听说结合。教材为我们提供了一段阅读素材，并以本素材为载体汇集了本模块的语法、词汇等知识。因此教学应从阅读理解入手，先结合阅读技巧对篇章进行整理阅读，然后再学习其中的词汇、语法等知识。

（1）预习展示

布置学生预习词汇和句型，词汇要求能够根据音标读出并了解汉语意思，句型要求学生说出句型结构，目的是培养学生自主学习词汇和句型的习惯。课堂一开始通过

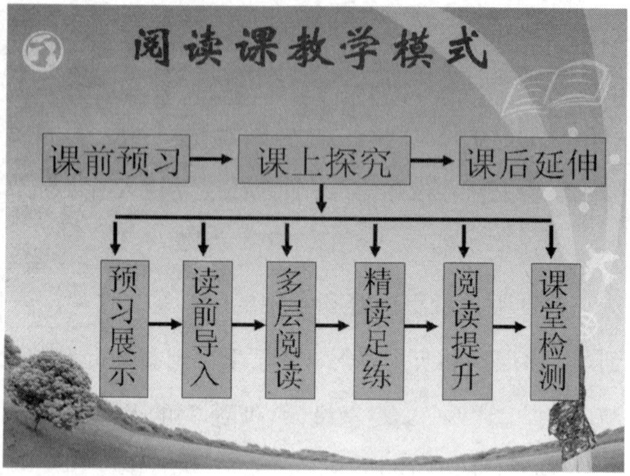

小的检测来检查学生的预习效果，同时为阅读扫除词汇障碍。（有时也布置学生查找与本课文章相关的背景知识、风土人情等，有利于阅读时加强理解。

（2）读前导入

教师设计情景，激发学生阅读的兴趣或简介文章内容，导入阅读。导入宜简洁明了，旨在激发学生阅读的愿望。

（3）多层阅读

根据阅读素材和阅读规律，教师深入挖掘素材，设计多层的阅读任务，引导学生逐步掌握文章信息，并训练处理信息的能力。通常分为快速阅读，把握文章主旨；细节阅读，查找关键信息。阅读任务的形式也是多样的，可以是选择、表达或填写信息表等。通过阅读，达到训练学生对文章细节的查找、主旨的概括、细节的推断、作者观点意图的把握等能力。

（4）精读足练

本环节学生自主精读课文，理解长难句，找出疑难问题，交流解决，教师点拨。对于词汇、句型、语法等知识点，精讲多练。根据关键词的提示，让学生尝试复述课文（或部分段落），进一步熟悉课文素材，理解知识点的运用。

（5）阅读提升

这个环节是教师深入挖掘阅读材料，进行相应的改编，如微完形填空、阅读还原句子等，学生通过完成练习，进一步检验自己对文章题材的理解、对词汇运用的掌握等情况，也是配合中考题型，对阅读材料的再利用。

（6）课堂检测

教师对本课所学知识进行小结，帮助学生厘清知识脉络，设计书面练习，综合运用本课所学知识，起到巩固检测的作用。

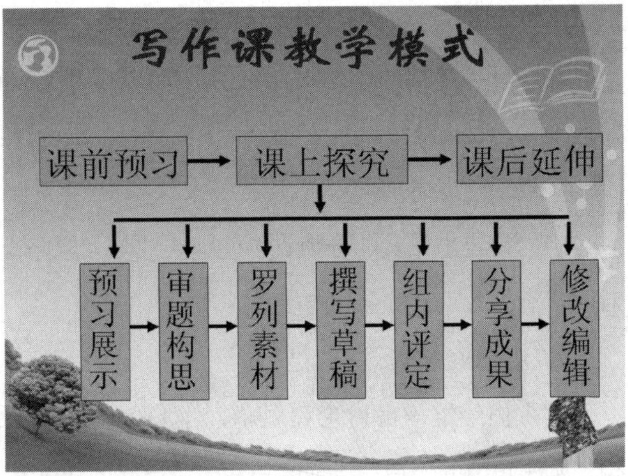

3.写作课教学模式

写作课是以写为主，结合阅读与听说。大多数模块的听说和阅读之后，都有与话题相匹配的写作任务，训练学生的写作能力，提高写作水平，增强学生的语言知识综合运用能力。写作课重在培养学生审题构思能力，词汇、句型的运用能力，养成良好的写作习惯。

(1) 预习展示

老师布置学生预习与写作话题相关的词汇和句型，词汇要求能够中英互译，句型要求学生说出句型结构，并能够造句。有时也会布置一篇与写作话题相关的阅读任务。目的是培养学生自主学习词汇和句型的习惯。课堂一开始通过小的检测来检查学生的预习效果，同时为写作任务铺垫好素材和词汇、句型。

(2) 审题构思

教师出示完写作任务后，在小组内讨论写作的话题、人称和时态；分析写作的篇章结构和信息点。其目的是养成学生动笔之前对写作要求的充分理解和分析的习惯，避免出现跑题、时态运用错误、缺失信息点等问题。

(3) 罗列素材

通过小组讨论，罗列写作所用的词组、句型、连词等，使学生意识到只有平时的积累，在写作时才有的可用，有的可写，正所谓积累是写作的源泉。

(4) 撰写草稿

学生进入独立写作环节，写出自己的文章，形成自己的写作风格，提升写作能力。

（5）组内评定

这个环节是培养学生对作文的赏析批阅习惯，通过互评作文，找到优缺点，提出修改建议，取长补短，也是对中考作文阅卷标准的自我践行。

（6）分享成果

组内评定出作文的分值，积极踊跃地与大家分享写作体会，大家互通有无，也是对同学们的激励，树立写作信心。

（7）修改编辑

学生们经过一番讨论和展示，静下心来，对自己的作文进行修改，调整篇章结构，关注句型的使用、连词的使用，让自己的作文更具逻辑性，去除无用信息，查看拼写等细节问题，使之更上一个档次。目的是培养学生写作要有修改的过程的习惯，考试时也要先打草稿，最终形成文段。

4.报刊阅读课教学模式

英语报刊可以给学生们展示一个丰富多彩的世界，其话题涉猎广泛、新颖，语言描述生动，图文并茂，融知识性、趣味性和实用性于一体，时代气息浓厚，适合中学生心理和阅读兴趣。通过报刊阅读，在提高学生阅读兴趣的基础上，帮助学生掌握有效的阅读方法，形成良好的阅读策略，增强文化意识，提高学生的综合阅读能力。

（1）新闻快播

为了体现报刊阅读的特点，报刊阅读课的第一个环节就设定为新闻快播。教师从报刊中选取新闻报道类文章的图片，再配新闻内容滚动播出，让学生快速地把图片和文字内容进行匹配，训练学生快速阅读、获取信息的能力。

（2）Teens reporter（少年记者）

这是学生阅读成果展示环节。学生作为“Teens reporter”，把刚才快速读到的信息像记者一样播报出来。这个环节主要是训练学生抓住关键信息，表达主旨大意的语言表达能力。

（3）佳篇悦读

一份报纸里的阅读文章众多，教师要精心选取典型文章，运用任务型教学法，通过自主阅读、小组交流、成果展示三环节来完成阅读任务。阅读的文章体裁不同，阅读策略指导各有侧重，自始至终贯穿如何培养学生阅读学习能力的一条主线。

（4）评价与赏析

学生围绕所阅读的文章发表自己的阅读感悟，每一节阅读都让学生有自然的情感表达，同时训练学生的语言表达能力。

（5）好词佳句

这是阅读后的积淀环节，学生对文章中的好词佳句进行摘录诵读，扩充词汇量，增强英语语感。

（6）学以致用

学生通过词汇对抗赛，拓展词汇，课堂从能力提升到基础落实。

我们在2012年10月17日申请了一节区级报刊阅读课的教学模式公开课，北京市教育学院副主任李慧芳听课后，给予了高度评价，并把我们报刊阅读课的教学模式写成教学案例。

附：

<table>
<tr><th colspan="4">教学基本信息</th></tr>
<tr><td>Style</td><td>Correcting the writing</td><td>Date</td><td>2012-09-26</td></tr>
<tr><td>Grade</td><td>Grade 9（上）</td><td>Class</td><td>(2)</td></tr>
<tr><td>Teacher</td><td>孙红艳</td><td>School</td><td>嘉铭分校</td></tr>
<tr><th colspan="4">教学背景分析</th></tr>
<tr><td colspan="4">教学内容：写作的第二课时（评析）
教学项目：连词使用、句式丰富
内容分析：两个重点在写作当中的使用及必要性
学生情况：根据第一课时学生完成作文的情况来看，学生存在如下问题：
1.在审题方面存在条理不清的现象。
2.在文章中存在句式单一的现象。
学生们希望自己在作文上有所突破，但是不能有效地运用评分标准评价自己的作文，因此需要教师具体的学法指导和帮助，以提升自身的写作水平。
教学方式：讲练结合
教学手段：教学课件、学案</td></tr>
</table>

续表

<table>
<tr><th colspan="4">教学基本信息</th></tr>
<tr><td>Style</td><td>Correcting the writing</td><td>Date</td><td>2012-09-26</td></tr>
<tr><td>Grade</td><td>Grade 9（上）</td><td>Class</td><td>(2)</td></tr>
<tr><td>Teacher</td><td>孙红艳</td><td>School</td><td>嘉铭分校</td></tr>
<tr><th colspan="4">Teaching Aims</th></tr>
<tr><td>Knowledge</td><td colspan="3">The students will be able to:
memorize the steps of writing and sentence structures to give proper advice about having a perfect holiday.</td></tr>
<tr><td>Ability</td><td colspan="3">The students will be able to:
1.correct the mistakes with the help of the teacher by evaluating others’ writing.
2.correct the mistakes in their own writing.
3.rewrite the Ss’ own writing.</td></tr>
<tr><td>Moral Education</td><td colspan="3">Develop the awareness of loving the life.</td></tr>
<tr><th colspan="4">Teaching Key Point & Difficult Point</th></tr>
<tr><td>Teaching key points</td><td colspan="3">Students will be able to:
1.know the way to correct the mistakes.
2.rewrite the writing by using sentence structures.</td></tr>
<tr><td>Teaching difficult point</td><td colspan="3">Students will be able to have the clear ideas by knowing how to improve the writing.</td></tr>
<tr><td>Teaching method</td><td colspan="3">PWP</td></tr>
<tr><td>Teaching Aid</td><td colspan="3">Handout, Multi-media</td></tr>
<tr><th colspan="4">Teaching Procedures</th></tr>
<tr><td>Steps</td><td>Teacher’s Activities</td><td>Students’ Activities</td><td>Intention</td></tr>
<tr><td rowspan="5">Step 1
Pre-correcting
（20’）</td><td>1.Show the teaching task again.</td><td>1. Read through the material.</td><td rowspan="5">写作任务再现。
相互启发，有利于学生迅速进入本节课主题。展示作文评分标准，使学生学会评价作文。
让学生学会使用句型去写作文，并学会判断如何提高作文的档次。
培养学生正确运用句型去表达自己思想的能力。</td></tr>
<tr><td>2.Revise the writing steps.</td><td>2. Memorize the writing steps.</td></tr>
<tr><td>3.Show the standard of evaluation.</td><td>3. Know about the standard of evaluation.</td></tr>
<tr><td>4.Show a writing written by a student and lead Ss to evaluate the sample.</td><td>4. Read through the material on PPT. Judge the writing and find out the problems. Try to rewrite some of the sentences.</td></tr>
<tr><td>5.Help Ss classify the problems.</td><td>5. Follow the teacher to classify the problems.</td></tr>
</table>

续表

<table>
<tr><th colspan="4">教学基本信息</th></tr>
<tr><td>Style</td><td>Correcting the writing</td><td>Date</td><td>2012-09-26</td></tr>
<tr><td>Grade</td><td>Grade 9（上）</td><td>Class</td><td>(2)</td></tr>
<tr><td>Teacher</td><td>孙红艳</td><td>School</td><td>嘉铭分校</td></tr>
</table>

<table>
<tr><td>Step 1
Pre-correcting
(20’)</td><td>6.Help Ss to correct the writing together.</td><td>6. Use sentence structures to describe their ideas better.</td><td>通过实践让学生体验修改文章后的成就感。</td></tr>
<tr><td rowspan="2">Step 2
While-correcting
(12’)</td><td>1.Ask students to correct their own writing and walk around to help them.</td><td>1. Correct their own writings.</td><td rowspan="4">培养学生养成检查作文的习惯和评价作文的能力。
为学生提供互相学习和分享的机会，培养学生学会合作和提高修改作文的能力。
修正作文即“查”和“评”的注意事项——审要点，列句型</td></tr>
<tr><td>2.Ask Ss to evaluate by themselves first.</td><td>2. Evaluate their own writings.</td></tr>
<tr><td rowspan="2">Step 3
Post-correcting
(12’)</td><td>1.Ask Ss to show the writings.</td><td>1. Show their own writings. Others share the writings together.</td></tr>
<tr><td>2.Sum up the skills on correcting writings.</td><td>2. Review the skills on correcting writings.</td></tr>
<tr><td>Step 4
Homework
(1’)</td><td colspan="3">Collecting the writing</td></tr>
<tr><th colspan="4">Blackboard Design</th></tr>
<tr><td colspan="4">Correcting the writing

1. instead of...
2. would like to do sth.
3. try one’s best to do sth.
4. as many as possible
5. because/ so
6. not only... but also...
7. so that...
8. first of all，what’s more，last but not least</td></tr>
</table>

七、理化生学科如何优化课堂教学模式

1.指导原则

姓名	组内研究课	特点及问题
娄华利	声音的特性	学生活动贴近生活，小组合作突出有效，课堂反馈落实到位
矫春梅	浮力复习	例题选取有梯度，深挖到位，利于学生的思维延伸，很好地利用了小组间讨论（课堂容量偏大）
乔仁凤	功	授课层次清晰，题目设定有梯度，符合新授课的特点，关注多数学生（扩大课堂检测关注面）
张凤玲	质量守恒定律	实验任务明确，符合学生认知特点，讲解清晰到位，易于学生接受（加强小组合作）
郝晓丽	原子结构	对教材把握比较准确，抓住学生认知规律，深入浅出，语言简练（加强小组交流合作）
金丽珠	果实的形成	语言简练，课堂讲解到位，教具辅助教学效果较好（加强小组间的交流合作）

学案教学以教师的教为指导，以学生的学为主体，在教师的引领下帮助学生建立思维创新的思维模式，以小组讨论为课堂主线，完成学生和教师的角色定位，课堂上教师的引领和调拨是关键，学生的分组模块讨论是共同学习提升的过程，二者的和谐统一是课堂高效的有效保障。

2.背景

课堂教学的最大问题是老师讲得越多，学生听得越糊涂，这是绝大多数课堂教学情况的真实描述，也是绝大多数教师感到困惑的问题。让教师觉得头疼的，还不仅仅是学生听不懂，而是学生越来越不想听，对上课越来越没兴趣，对做作业也越来越提不起兴致，于是当学生听不懂时，教师就不得不花更多的时间讲课，既然学生听不懂，那么我就多讲几遍，即使多讲几遍学生还没有听懂，至少教师心理上得到了安慰。在很多情况下教师不得不花更多的时间去督促学生做作业，去检查学生的作业，在学校里，整天见教师跑来跑去，真是来也匆匆，去也匆匆，很少看到教师在办公室里安静地坐一坐，更别说静下来思考问题或者阅读书籍了。

3.小组合作学习是学案引领课堂教学的支撑

（1）小组分组形式

建立由高、中、低三人组成的合作机制，其中每组又划分为两小组：高中组（高负责中）和初中组（中负责低）；核心是突出中央主体、帮助后进生，促进整体高效学习，使每一个问题点都有人负责，做到一一对应，防止出现个别学生的游离现象。这样的合作方式，更适合理化生学科的教学，教学中结合实际情况进行调整，进行长效推进。

（2）以小组为依托的学习讨论方式

学习讨论分为三个阶段，即个体学习、小组讨论和组间交流。

个体学习是满足学生个人的学习需要，张扬个性，训练学生自己设计、组织、调控的能力，是小组学习的基础和保证。（学生间的个体差异比较大，领悟力也存在较大差异）

小组讨论是把个体学习的成果汇集到一起，形成合力与互补，是整合知识体系的过程，也是学生提高思维水平的过程，成绩较差的学生可能认为自己能力差，无法跟上讨论的思维进程，但实际情况并不像想的那么悲观，从最开始的听别人讲，到逐渐敢于发表自己的意见，从和同学的讨论交流中领悟自己的疑点和难点。

组间交流打破了小组学习的界限，进一步形成了全班合力，交流了学习成果，强化了协作意识，组间交流可以取代教师的许多讲解工作。

（3）以有效预习为突破，将课堂教学进行有效拓展

在制定的每节导学案中设置预习引导环节，将学生可以自主完成的任务根据不同的学力层次划分成基础层次和理解层次，让每个学生都能通过阅读教材或查找资料得到相应的成长。

为了让学生有效地厘清自主学习的效果，我们在预习导航中还精心设置了预习反馈题目（附有答案），让学生根据自我分析认清自己在这节课中可能存在的问题，以便他们在课上能更高效地进行主动学习。

对预习引导环节的优化，使预习环节不再停留在简单的看看层次上，而是让学生

自主认识到自身的优势和不足，并及时总结。这样预习就不仅是教师要预先了解学生的问题所在，而是进一步推进到学生的自主学习控制上，从而使预习能够发挥更有效的引导作用，为课堂的优化做好主动学习的必要准备。

三个阶段的学习基本能使每个学生在不低于个体实际水平上开展学习活动。

4. 学案教学课堂结构图

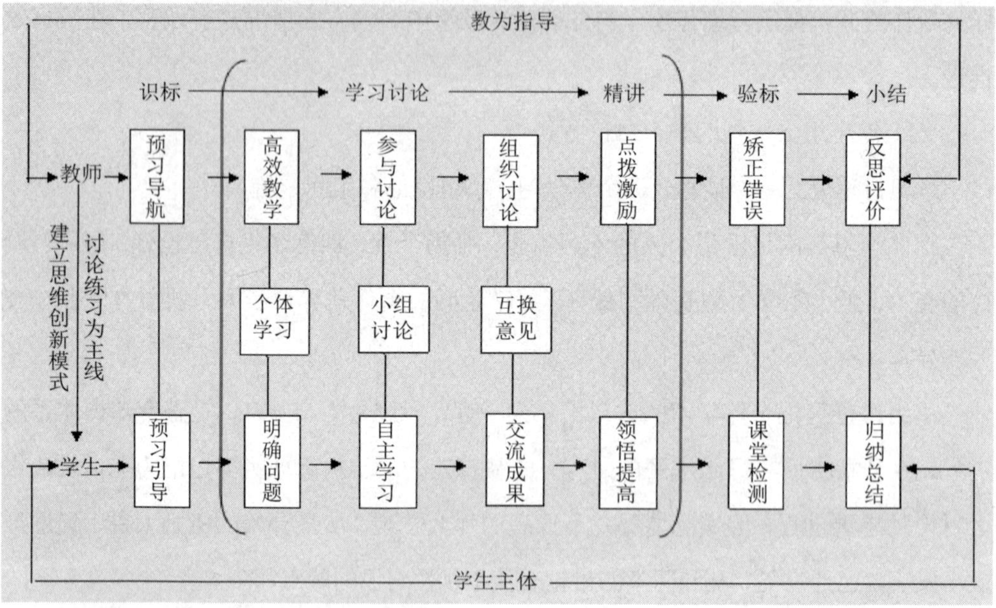

5.教师在课堂教学中扮演的角色

教师承担教学、反馈、评价、点拨、管理等各项任务，引导学生主动参与讨论，以平等的心态参加学习活动，适时引导学生提出的问题，把学习、讨论，以及学生的学习情感不断推向高潮，公平地对待每一个学生，尽最大努力促进每一个学生最大限度地发展，总之，作为教师，在课堂上扮演的可能是学生心理调整的操作者，课堂学习的指导者和促进者，“脑力激荡”的发起者，学习的积极参与者，学生学习的协作者。

以学案教学引领课堂教学这一模式在我们组还仅仅是初探，从时间上、形式上和内容上还不成熟，还会有很多问题，需要我们全组的老师共同摸索。

附1：

<table>
<tr><td>课题</td><td colspan="2">声音的特性</td><td>课型</td><td>新授课</td><td>学　科</td><td>物理</td></tr>
<tr><td>授课年级</td><td>八年级</td><td>授课时间</td><td colspan="2">2012年9月</td><td>授课教师</td><td>矫春梅</td></tr>
<tr><td>教学目标</td><td colspan="6">知识与技能：1.知道声音的特征
2.知道声音的特征分别跟哪些因素有关
过程与方法：1.通过做“音调与频率有关”的实验和“响度与振幅有关”的实验，进一步了解和学习物理学研究的方法（控制变量）
2.通过看表格，学习对比不同点，并能够总结归纳
情感态度与价值观：体验现实世界物体的发生是丰富多彩的，更加热爱科学，热爱世界</td></tr>
<tr><td>教学重点</td><td colspan="6">在探究中体会和理解音调、响度和音色。通过实验探究音调、响度与什么因素有关</td></tr>
<tr><td>教学难点</td><td colspan="6">音调、音色与响度的区分</td></tr>
<tr><td>教学用具</td><td colspan="6">学案练习、PPT、实验教具</td></tr>
<tr><td colspan="7">教　学　过　程</td></tr>
<tr><td>主要环节</td><td colspan="6">师生活动</td></tr>
<tr><td></td><td colspan="6">§2.2 声音的特性
一、声音的特性
1.音调：声音的“粗细”
影响因素：振动的频率（1秒钟完成的振动的次数）
频率越高，音调越高
2.响度：声音的“大小”
影响因素：振动的幅度
振动幅度越大，响度越大
3.音色：声音的“特征”
二、声音特性的应用</td></tr>
<tr><td colspan="7">教　学　过　程</td></tr>
<tr><td>主要环节</td><td colspan="6">师生活动</td></tr>
<tr><td>预习延伸

新授

实验探究</td><td colspan="6">一、预习引导
反馈（以小组为单位）预习中错误集中的题号
教师根据题号，明确学生问题和重点讲解内容
探究一：音调
实验：
学生分组讨论归纳：实验中快速敲击和缓慢敲击发现，________不同，敲击时音调高些。
说明：________________。</td></tr>
</table>

续表

课题	声音的特性	课型	新授课	学　科	物理
授课年级	八年级	授课时间	2012年9月	授课教师	矫春梅

教　学　过　程

主要环节	师生活动

1.次声波是指：______________________________。

2.超声波是指：______________________________。

3.人耳能听到的声波范围是：____________________。

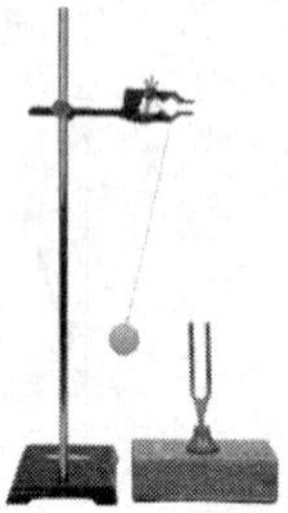

知识拓展：阅读第34页资料介绍

讨论：人为什么能听到蚊子的声音却听不到蝴蝶振动翅膀的声音？

学生以合作小组为单位讨论，学生讲解。

探究二：响度

实验探究

实验：要求学生以组为单位利用讲台上的器材设计简单实验，说明响度的影响因素

学生以小组为单位探讨实验方案。

轻轻敲击音叉和用力敲击音叉发现：____________________现象。

说明：____。

教师引导：实验现象与响度的联系

探究三：音色

音色主要用于区分：__________。

知识巩固

声音特性的应用：__________。

典型例题分析：组织一组学生到教室外“咳嗽”，教室内学生进行判断：______________________

______________________。

编号	材料	长度/cm	横截面积/mm^2
A	铜	60	0.76
B	铜	60	0.89
C	铜	60	1.02
D	铜	80	0.76
E	铜		
F	铜	100	0.76
G	钢	80	1.02
H	尼龙	80	1.02
I	尼龙	100	1.02

典型练习：

在学习吉他演奏的过程中，小华发现琴弦发出的声音的音调高低是受各种因素影响的，他决定对此进行研究。经过和同学们讨论，提出了以下的猜想：__________。

练习

以组为单位：______________________。

续表

<table>
<tr><td>课题</td><td>声音的特性</td><td>课型</td><td>新授课</td><td>学 科</td><td>物理</td></tr>
<tr><td>授课年级</td><td>八年级</td><td>授课时间</td><td>2012年9月</td><td>授课教师</td><td>矫春梅</td></tr>
<tr><td colspan="6">教 学 过 程</td></tr>
<tr><td>主要环节</td><td colspan="5">师生活动</td></tr>
<tr><td>反馈练习</td><td colspan="5">为了验证上述的猜想是否正确，他们找到了上表所列的9种规格的琴弦，因为音调的高低取决于声源振动的频率，于是借来一个能够测量振动频率的仪器进行实验。
(1) 为了验证猜想一，应选用编号为________、________、________的琴弦进行实验；
(2) 为了验证猜想二，应选用编号为________、________、________的琴弦进行实验。
(3) 表中有的材料规格还没有填全，为了验证猜想三，必须知道空格处应填上的数字是

大显身手:（组内互助纠错）
1.在一只玻璃杯中先后装入不同量的水，用细棒轻轻敲击，会听到不同频率的声音。与此类似，当医生在给病人检查腹部是否有积水时，常会用手轻轻敲击患者腹部，细细倾听其发出的声音，此为“叩诊”。医生主要是根据什么来判定患者腹内是否有积水的（ ）
A.声音的响度　　B.声音的音调
C.声音的音色　　D.声音是否悦耳动听
2.三大男高音为申奥举办了演唱会，这里的“高”是指________，他们都用了麦克风，是为了增大__________，尽管三人唱了同一首歌，可我们能分辨出来，这是因为______________不同。
3.右图中，老师用同样的力吹一根吸管，并将它不断剪短，他是在研究声音的（ ）

A.响度与吸管长短的关系　　B.音调与吸管材料的关系
C.音调与吸管长短的关系　　D.音色与吸管材料的关系
学生组内反馈讲解。</td></tr>
<tr><td>小结</td><td colspan="5">课堂小结：1.预习部分问题讨论
2.整理课堂笔记，巩固知识体系</td></tr>
<tr><td>作业</td><td colspan="5">1.练习册　　2.预习下一节</td></tr>
<tr><td>教学反思</td><td colspan="5"></td></tr>
</table>

附2：

授课学科	化学	授课教师	张凤玲
授课时间	2012-10-17	授课班级	九年级（4）班
课　题	课题1 质量守恒定律（第一课时）	课　型	新授课
教学目标	知识与技能：1.实验探究得出质量守恒定律，了解化学反应中的质量关系；2.能根据要求设计实验验证质量守恒定律；3.能用质量守恒定律解释简单的实验现象。 过程与方法：增加学生探究性实验，充分调动学生的积极性，通过操作、观察，组织讨论，总结规律。 情感态度与价值观：培养学生善于合作、勤于思考、严谨求实的科学精神，体验到探究活动的乐趣和学习成功的喜悦。		
教学重点	质量守恒定律的含义及微观解释。		
教学难点	如何引导学生通过探究准确得出质量守恒的定义，理解质量守恒定律的微观实质，并会从质量角度去研究化学反应。		
教学用具	仪器：托盘天平和砝码、锥形瓶、玻璃棒、烧杯、小试管、气球、药匙、镊子。 物品：铁钉、硫酸铜溶液、氢氧化钠溶液、碳酸钠粉末、稀盐酸。		
板书设计	第五单元　化学方程式 课题1　质量守恒定律 一、质量守恒定律 1.内容： 2.实质：　原子种类　→元素种类不变　→物质总质量不变 不变 { 原子数目 } →元素质量不变 　　　{ 原子质量 } 3.应用：		

教学环节	教师活动	学生活动
环节一 提出问题	【投影】图片展示铁、硫在氧气中反应。 【引言】化学反应可以表现出各种各样的化学现象，反应后物质的种类也变了，其实我们可以从更多的角度研究化学反应，这节课我们就从质量的角度再来认识化学反应。 【投影】图片展示。 【叙述】早在200年前，有两位科学家研究了化学反应中的质量问题，我们来看他们的研究情况。	观察 倾听 倾听思考

续表

教学环节	教师活动	学生活动
环节二 实验探究	1673年英国化学家波义耳在敞口容器中加热金属汞，结果发现反应后质量增加了，因此，他认为化学反应前后物质总质量不相等。 1774年法国化学家拉瓦锡在密闭容器中研究氧化汞的分解与合成，却发现化学反应前后各物质的质量相等。 【明确课题】两位科学家的争论正是我们这节课研究的课题：质量守恒定律 【板书】课题1 质量守恒定律 【提问】化学反应前后物质的总质量是否等于化学反应后物质的总质量？ 【引言】下面通过几个实验来探究化学反应前后量的关系。 【投影解释】 1.铁钉与硫酸铜溶液的反应： 铁+硫酸铜→铜+硫酸亚铁； 2.硫酸铜和氢氧化钠的反应： 硫酸铜+氢氧化钠→氢氧化铜+硫酸钠 3.碳酸钠与稀盐酸的反应： 碳酸钠+稀盐酸→二氧化碳+水+氯化钠 【提问】如何称量反应前后的物质质量呢？ 【展示】实验步骤： 1.称量反应前的总质量（容器+两种物质）； 2.两种物质接触相互反应，观察现象； 3.称量反应后的总质量。 【引言】请同学们完成实验探究，注意认真观察现象，记录实验数据。 【指导】实验探究 【小结】请前三组汇报小组的实验现象和结论。	针对刚才的问题猜想 倾听思考 学生讨论回答 根据教师提供的仪器、物品，完成实验验证猜想。 分组实验： （1）铁钉和硫酸铜溶液反应； （2）硫酸铜溶液与氢氧化钠溶液反应； （3）碳酸钠粉末和稀盐酸反应（敞口）； （4）碳酸钠粉末和稀盐酸反应（密闭）。 认真观察现象，记录实验数据。
环节三 问题讨论	【讨论】为什么碳酸钠粉末和稀盐酸反应（敞口）后的质量变轻呢？ 【追问】如何把气体也一起称量呢？ 【展示】第四组碳酸钠粉末和稀盐酸反应（密闭）装置。 【小结】请第四组汇报实验现象和结论。 【强调】反应前后各物质的质量总和相等。	各小组交流与展示，描述实验现象，通过具体数据比较反应前后物质总质量的关系。 回答：生成的气体跑掉了，反应后没被称量。 回答：用密闭装置。

续表

教学环节	教师活动	学生活动
环节四 得出结论	【展示】现在有这些仪器：小气球、支管试管、针筒（带针）、锥形瓶、棉线、胶塞。 【提问】如何设计成密闭装置呢? 【讲述】科学家们通过多次类似的实验，得出了一个重要的结论——质量守恒定律，一切化学反应都遵守质量守恒定律。 【提问】实验中的反应物都参加化学反应了吗? 【展示】铁钉和硫酸铜溶液反应后的铁钉。 【提问】所有的铁都起反应了吗? 【分析】此反应前后称量的质量包括什么物质的质量? 【追问】反应前后哪些质量是不变的? 反应前总质量：参加反应的硫酸铜的质量 参加反应的铁的质量 反应后总质量：生成铜的质量 生成硫酸亚铁的质量 【归纳】得出质量守恒定律，强调参加的含义。 【板书】一、质量守恒定律 内容：参加化学反应的各物质的质量总和等于反应后生成的各物质的质量总和。 【提问】你能找出概念中的关键词吗？ 【强调】1.适用于一切化学反应。 2.是质量总和不变，不是某单个物质的质量不变。 3.“参加”和“生成”的含义。 【引言】大家想一想，为什么所有化学反应都遵守质量守恒定律呢? 【播放动画】模拟电解水的微观过程。图中小球代表氢原子，大球代表氧原子。 【问题引导】 1.画面中有什么分子? 2.通电时发生了什么变化? 3.运动到一定程度，原子之间怎样了? 4.在整个过程中什么变了?什么不变?原子的哪些方面不变? 【板书】守恒的原因	回答 观察 交流，回答：没有。 回答： 反应前：烧杯的质量、水的质量、硫酸铜的质量、反应的铁的质量、没反应的铁的质量。 反应后：烧杯的质量、水的质量、生成铜的质量、生成硫酸亚铁的质量、没反应的铁的质量。 回答：烧杯的质量、水的质量、没反应的铁的质量。 体会理解 思考 讨论回答 思考 观看

续表

教学环节	教师活动	学生活动
环节五 练习反馈 课堂总结	原子种类 原子数目 } 不变 原子质量 【提问】从微观三不变推广到宏观元素有哪些不变? 【板书】元素种类、元素质量不变。 【过渡】应用质量守恒定律可以解释实验中的一些现象。 【投影并提问】图片展示波义耳的实验。为什么反应后质量增加? 【分析步骤】 1.确定反应物、生成物。 2.写出符号表达式。 3.根据质量守恒定律,哪些物质的质量总和相等? 4.再进行质量比较。 【指导】指导练习反馈矫正。 【总结】通过今天的学习你有什么收获?	回答 讨论回答 完成练习

八、综合学科如何优化课堂教学模式

通过学校教学科研活动的逐步开展,教学课堂的实践研究,综合教研组全体组员的深入研讨,我校初中劳技学科优化课堂教学模式为:以尝试实践学习为主的自主学习教学模式。在此模式的学习过程中,学生们通过自主阅读操作说明等相关学习资料,借助导学案的引领,自主提炼知识重点,尝试体验技术要点,充分锻炼了自主学习能力,提高劳技课堂教学有效性。

依据初中劳技课程理念:1.关注全体学生的发展,着力提高学生的技术素养。2.注重学生创造潜能的开发,加强学生实践能力的培养。3.立足科学、技术、社会的视野,加强人文素养的教育。4.紧密联系学生的生活实际,努力反映先进技术和先进文化。5.丰富学生的学习过程,倡导学习方式的多样化。结合我校办学特点,初中劳技课程开展了木工技术、单片机技术等多种增长学生设计实践能力、培养学生科技生活意识、提高学生自主学习能力的课程内容。

初中劳技课堂自主尝试实践学习教学模式流程图

巩固引新
（温习旧知，引出新知）

↓

目标展示
（了解学习目标，明确学习目的）

↓

尝试实践
（新知尝试，发现问题，讨论实践，解决问题，验证新知）

↓

实践运用
（正确运用新知，熟悉实践过程，掌握技术要点）

↓

课堂延伸
（联系生活实际，学以致用）

↓

评价小结
（评比推优，收获成果）

附：

授课学科	劳技	授课教师	毛红梅
授课时间	2012-11-20	授课年级	八年级
课 题	单片机——抢答器	课 型	尝试实践课
教学目标	知识与技能：知道抢答器工作方式，能在10分钟内初步尝试编写、讨论改写“单片机抢答器”的程序； 实践验证、调试程序，能在10分钟内成功实现“抢答器”效果。 过程与方法：利用小型知识竞赛抢答形式，发现使用“抢答器”需求的方法，引出新知； 运用尝试学习方法，通过尝试编写、讨论程序的过程，发现问题，解决问题，感悟新知； 通过实践验证、调试程序的过程，实践新知； 运用多种项目评价的方法，检测学习效果，提升学习成果。 情感态度与价值观：在安全的状态下参加实践活动，体会严谨的学习态度在实现程序效果过程中的重要性，体会自主成功实现“抢答器”效果的喜悦之情，体会到学习从生活中来，又运用到生活中去的常理，提升劳动技术应用于实际生活中的意识，提高了学科学习兴趣。		
教学重点	尝试编写出程序，成功实现“抢答器”效果。		
教学难点	正确绘制出单片机抢答器分支运行结构图。		
教学手段	多媒体教学设备，DP801单片机，教学课件，学案，学习评价表。		
教学方法	尝试、实践、引导、演示。		
板书设计	通转指令09 N M的应用 ——抢答器 按键——通转指令09 N M 表现形式： 发声——奏乐指令03 N M 发光——接通00 N、断开01 N、延时02 N M指令		

续表

<table>
<tr><td>授课学科</td><td>劳技</td><td>授课教师</td><td colspan="2">毛红梅</td></tr>
<tr><td>授课时间</td><td>2012-11-20</td><td>授课年级</td><td colspan="2">八年级</td></tr>
<tr><td>课　题</td><td>单片机——抢答器</td><td>课　型</td><td colspan="2">尝试实践课</td></tr>
<tr><td colspan="5">教学过程</td></tr>
<tr><td colspan="2">教师活动</td><td colspan="2">学生活动</td><td>设计意图</td></tr>
<tr><td colspan="2">创设情境:
1.组织知识抢答，引导学生发现抢答过程中存在的问题，引出新知。
2.展示抢答竞赛视频，引导学生分析出抢答器工作方式及发声、发光表现形式，引导学生说出使用单片机实现“抢答器”所使用的指令。

板书展示</td><td colspan="2">1.学生参与小型知识抢答竞赛，发现准确确定抢答第一名有些困难，引出抢答器，引出新知。
2.观看抢答竞赛视频，分析出抢答器工作方式及发声、发光表现形式，说出使用单片机实现“抢答器”效果所使用的指令。
按键抢答——通转指令09 N M
发声——奏乐指令03 N M
发光——接通指令00 N，延时指令02 N M，断开指令01 N</td><td>集中学生注意力，活跃学习气氛，引出新知，引发重点，为尝试学习做好准备。</td></tr>
<tr><td colspan="2">尝试讨论:
1.引导学生绘制抢答器程序分支运行结构图。
2.引导学生尝试编写程序；查看编写过程。
3.展示学生绘制的分支运行结构图和编写出的程序。
4.引导学生之间针对展示的程序提出问题、解答疑问，纠正程序错误，帮助学生厘清编程思路。</td><td colspan="2">1.经教师引导，正确绘制出抢答器程序分支运行结构图。
2.尝试编写程序。
3.完成最快的学生展示分支运行结构图和程序。
4.学生之间针对展示的程序提出问题、解答疑问，纠正程序错误，厘清程序思路。</td><td>先引导绘制程序分支运行结构图，厘清程序运行顺序，再尝试编程，最后质疑答疑，给予学生思考空间；纠正程序错误，为下一步实践验证程序，提高通过率。突破教学难点，落实教学重点。</td></tr>
<tr><td colspan="2">实践验证:
指导学生实践验证所编写的程序，根据“不改变奏乐指令音长的前提下，发声、发光几乎同时出现效果”的情况调试程序；
查看学生实践过程。</td><td colspan="2">输入、运行经讨论修正后的程序，实现效果，验证程序，进行相应的调试。</td><td>实践验证程序，给出直观结果，判定以上编程思路的正确性，调试程序。落实教学重点。</td></tr>
<tr><td colspan="2">成果展示:
挑选较快调试好程序的小组先展示运行结果，再使用“单片机抢答器”进行小型知识竞答活动，展示学习成果。</td><td colspan="2">较快调试好程序的小组先展示运行结果，再使用“单片机抢答器”，一人读题，大家公证，两人抢答，进行知识竞答活动，展示学习成果。</td><td>展示学习成果，体会学有所用，提升学科学习兴趣，反馈教学重点。</td></tr>
</table>

续表

授课学科	劳技	授课教师	毛红梅
授课时间	2012-11-20	授课年级	八年级
课　题	单片机——抢答器	课　型	尝试实践课

设例拓展： 引导学生分析出单片机数码管显示抢答结果的形式，改写程序，实践效果。 拓展习题：请你实现使用数码管显示抢答结果。	分析出“单片机抢答器”的另外一种表现形式，即数码管显示抢答结果，改写程序，实践效果。	扩展“单片机抢答器”表现形式，强化灵活运用通转指令能力，提高综合运用所学指令能力，为后面课程学习做好铺垫。
联系实际： 设疑：经过这节课的学习，可以2至4人一起使用单片机实现“抢答器”效果了，但现实抢答竞赛中可以直接拿着咱们的单片机去抢答吗？ 引导学生运用生活中相关知识，设想、解决问题。	联系现实生活中的知识抢答竞赛现场：多人抢答、排列整齐、位置疏松…… 分析“单片机抢答器”现状，思考问题，综合生活中相关知识，设想、解决问题。 如：1.使用单片机琴键触点扩展解决多人抢答问题； 2.使用较长引线引出，连接一种常用按键开关（门铃），解决排列整齐、位置疏松问题；	学以致用，体会学习不仅从生活中来，还要回到生活中去，提升学习意识。
学习评价： 组织学生参照“学习评价表”完成对本节课学习过程和学习结果的评价，归总张贴。	以小组为单位，根据个人学习情况，参照“学习评价表”完成对本节课学习过程和学习结果的评价，归总张贴。	检验学习过程，改善学习方法，判定学习结果，反馈教学重点。
归纳总结： 引导学生阐述本节课收获。	阐述本节课收获。	反思学习过程，总结收获。

九、体育学科如何优化课堂教学模式

1.体育与健康课程总体目标

中学阶段是人生转变的一个重要时期，处在从青春期向青年期过渡的阶段，是人体生长发育的第二高峰，这一时期学生生长迅速，变化急剧，体内机能迅速健全，性器官和性机能逐步发育成熟，自我意识发展迅猛，认知旺盛，有直观的形象思维，观察力、概括力、想象力不断增强，记忆好，求知欲强，思维敏锐，接受新事物快，富于想象力；这一时期是中学生文化科学素质发展的黄金期及人生观、价值观、世界观形成的关键时期，面对这样一个重要时期，我们要充分理解学生的身体和心理的变化，并要给予及时、全面、人性化的帮助，让他们顺利度过这个“危机期”。在初中学段适时、恰当、有效的体育锻炼和体育知识的传授，使我们的学生将达到：

（1）增强体质体能，能够应用基本的体育与健康知识，掌握基本的运动技能；

（2）培养运动兴趣和爱好，坚持“51221”（5指初中完成5个学期体育过程性考核，1指落实1小时体育活动，2指每学期参加2项主题体育活动，2指掌握2项运动技能，1指1个总目标，体质测试合格率100%，九年级体育考试达到区前三）小组锻炼，形成锻炼的良好习惯；

（3）参加学校组织的各种体育竞赛，具有正确的人际交往的能力与合作精神，发扬体育精神，形成积极进取、乐观开朗的生活态度，具有良好的心理品质；

（4）提高对个人健康和群体健康的责任感，形成健康的生活方式。

2.课程能力目标分级管理

根据多维健康观和体育学科的特点，借鉴国际体育课程的发展经验，体育与健康课程设置了课程目标体系，以及运动参与、运动技能、身体健康、心理健康与社会适应能力四个方面的课程内容，保证学生更好地达成学习目标，以及课程目标→水平目标→完成（达到）目标三个递进的目标系。

不同学段的学生的生理、心理发展具有不同的特征，因此，课程目标的设计要体现并适应学生的心理发展特点。对于初中阶段的学生，根据其活泼好动的生理、心理特点，应以培养爱好为主，施于广泛的基础知识、基本技术、基本技能的教学，发现学生的个体特质，加以引导，培养爱好，促其发挥特长，借以提高个体的体育文化素养。在教学中，把教学内容贯穿于有趣的教学形式中，创设一定的教学情境，使他们在轻松、和谐、有趣的环境氛围中达到锻炼身体、把握体育知识的目的。初中体育与健康课程的构成及成绩的评定主要依据是《北京市初中体育过程性考核方案》《国家学生体质健康标准》，朝阳区体育学科过程性考核教学内容。每学期的考核内容不得少于4项，且所考核的4项内容必须分别属于不同的考核内容类别，以保证体育与健康课程标准的有效实施。

(1) 田径类、球类——每学期均须进行此类项目的考核，但具体考核项目在同一学年内不能重复出现；

(2) 体操类——初中学段，支撑跳跃、技巧、单杠和双杠4类均为教学和考核内容，必须进行教学和考核，并且考核内容不得重复。

(3) 民族传统体育类（武术）、考核内容均以成套动作进行，在初中学段不能重复。学校在八年级（含八年级）以前进行武术两个套路的教学和考核。

(4) 身体素质类——此类考核内容是过程性体育课学业水平考核的限选内容，即只有在学期考核内容达不到4项的要求时，区县和学校才能从中选择项目作为考核内容，且具体考核项目在同一学年内不能重复出现。

作为国家体育课程的补充，从学生发展需求出发，学生活动采取“校本课程、课外活动选项课、社团活动、运动队”四位一体的方式进行。在校本课程、课外活动选项课基础上成立学生社团，社团核心成员组成校代表队，形成高水平学生运动团队。

3.各年级课程内容、目标及课程的安排

根据我校学生年龄、心理、生理的特点，以及良好的学习愿望、浓厚的锻炼气氛，本着“为每个学生的全面发展提供最适合的教育，为每个学生的健康成长提供最有保障的教育，为每个学生的个性培养提供最有特色的教育”的办学理念，追求“因材施教、科学施教、快乐施教”的目标，依据国家相关文件，确定我校各年级课程目标、内容、设置如下：

七年级：养习惯、打基础、促兴趣

(1) 课程目标：

①知道初中体育课的构成、特点、要求，以及成绩的评定方法、考试内容。了解体育与健康的有关知识：青春期与体育锻炼、人体的生理结构特点、运动项目常识性知识，通过各种渠道获得体育知识。

②会欣赏1～2项的大型体育赛事，并积极参加学校组织的各种体育活动和竞赛，一学年中每人必须参加1～2项体育竞赛活动，培养学生体育意识与素养。

③掌握本学年规定的过程性评价教学内容，提高运动能力、运动技能，完成学生体质健康测试项目的考核，达到94%的合格率、55%的优秀率。

④开设校本课程、课外活动选项课，90%的学生会1～2个体育项目，懂得礼仪常识并能够运用到实际生活和学习中，学会校园集体舞，建立正确的人际交往关系。

⑤建立“51221”锻炼小组，在教师的指导下能够和同学按照教师要求一同锻炼，75%的学生每周能够练习2～3次。

⑥培养学生热爱生活、热爱运动的良好习惯，健康积极的生活方式，乐观向上的学习态度。

⑦学会自编操1～2套，可以表演。

（2）课程内容：

①田径——耐久跑、跨越式跳高。

②球类——篮球：体前变向运球，双手胸前传接球。（考核运球）

排球：正面双手垫球。（考核垫球）

③武术——健身拳。

④体操——技巧：成套动作。

⑤身体素质——立定跳远，男生：引体向上；女生：仰卧起坐。

⑥校本课程：羽毛球、篮球、定向越野。

⑦课外活动选项课：篮球、田径、健美操、羽毛球、乒乓球、身体素质提高班、网球等。

（3）课程设置：

①每周3节体育课——第一学期按照规定上课，适应初中生活；第二学期其中2节完成国家规定的过程性评价教学内容，另外一节与课外体育活动结合，开设选项课，补充拓展国家课程之外的体育运动知识与技能。

②1节校本课程——羽毛球、篮球，教师自编教材，编入正式课表当中。

③2+1内容：跳绳、广播操、拔河、长跑。（每月比赛一个项目）

④组建各项运动队，参加各级比赛，每周训练3~4次。

八年级：抓习惯、提素质、重效果

（1）课程目标：

①知道体育运动的基本规律、锻炼的原则、运动损伤的简单处理方法等。

②通过体育橱窗、宣传栏、互联网等获得体育知识，会欣赏2～3项大型的体育赛事，并积极参加学校组织的各种体育活动和竞赛，本学年中每人必须参加1～2项体育竞赛活动。

③掌握本学年规定的教学内容，提高运动能力与运动技能，学生体质健康测试达到80%的优秀率、100%的合格率。能够正确、科学地评价自己的运动能力和水平。

④带动同伴每天坚持参加“51221”体育小组锻炼，在教师的指导下会制订合理、针对性强的活动计划，并进行锻炼。

⑤85%的学生通过校本课程与选项课的学习能够熟练掌握篮球技术或者学会羽毛球的基本技术，能够进行小型比赛。

⑥促进每个学生全面而有个性地发展，全面提高学生素质，发展学生的兴趣和特长，拓宽学生知识面，发展学生对自然和社会的责任感。

（2）课程内容：

①田径——快速跑、蹲踞式跳远。

②球类——篮球：行进间单手肩上投篮。（考核运球）

排球：传球。（考核垫球）

③武术——健身棍。

④体操——支撑跳跃，男生：屈腿腾越；女生：横箱分腿腾越。

双杠：任选一套动作。

⑤身体素质——男生：引体向上；女生：仰卧起坐。

⑥校本课程：珍珠球、网球。

⑦课外活动选项课：篮球、田径、健美操、羽毛球、乒乓球、身体素质提高班。

（3）课程设置：

①每周3节体育课——完成国家规定的教学内容。

②选项课——2节课外活动，每学期10～12次课，教师自编活动内容和教材。

③2+1：篮球或羽毛球。（在选项课中安排）

④坚持学校运动队训练。

九年级：成习惯、苦练习、出成绩

（1）课程目标：

①知道初中体育毕业考核的内容、方法、标准、要求等，掌握科学锻炼的原则、方法。

②每天进行“51221”小组锻炼，在教师的指导下学生根据自己的薄弱项目制订科学的、有效的、阶段性强的锻炼计划，以达到逐步提高运动成绩的目的。

③掌握本学年规定的教学内容，提高运动能力与运动技能，使自己的运动技能不断提高。完成学生体质健康测试项目的考核，达到70%以上优秀率、95%合格率。

④培养学生热爱生活、热爱运动的良好习惯，不怕困难、勇往直前、抗挫折、不服输的坚强意志品质。

（2）教学内容：

①田径——耐久跑。

②体操——单杠：两套动作中任选一套动作；跳绳。

③球类——实心球、篮球（考核运球）。

④身体素质——实心球。

⑤校本课程：篮球、身体素质提高班、羽毛球。

⑥课外活动选项课：篮球、田径、体能素质提高班等。

（3）课程设置：

①每周3节体育课——完成国家规定的教学内容、体育中考测试内容。

②大课外活动——将课外活动延长为60分钟，围绕体育测试项目，分项教学、分层教学。

③进行1～2次模拟与现场测试，掌握学生情况。

④中考体育测试成绩不得低于当年考试平均分。

4.课程整合设想

结合我校学生和师资水平特点，对课程的设置进行了调整，使体育的功能发挥至最大化，落实阳光体育运动每天运动1小时，体育“2+1”，使学生在三年的初中学习中能够掌握两项体育运动项目——游泳、篮球或羽毛球，逐步养成自觉锻炼的习惯，热爱体育、热爱运动，在运动中得到快乐。

（1）在保证国家规定的课时、内容之外，增加学生喜欢、易于参与的运动项目，拓宽体育的内涵，适时调整课时安排，如每周安排3节国家规定的课程内容，另外1节安排校本课程或者选项课内容。

（2）我们将七年级、八年级共四个学期统一规划，依据项目安排，每学期学生可选一项运动项目，第二学期学生轮换到下一个学习内容，作为我校的“2+1”，阳光体育的要求，根据我校学生、场地，教师专业技能情况确定必选项目是：羽毛球、游泳或篮球。

（3）开设的其他课程是羽毛球、健美操、体能训练班、篮球、足球等，每个班以30～35人为宜。

5.优化课堂教学模式，提高教学效果

传统体育教学过程一般是“讲解—示范—练习—再讲解、示范—再练习”，这一过程指向的是机械的模仿性的技术训练，忽视了学生对运动和运动乐趣的体验，忽视了学生对运动的整体感知。我们对体育课堂教学过程进行了调整，基本环节是：“提出问题→初步讨论→尝试性练习→巩固提高→归纳总结。”在这个教学过程中，真正落实了学生学习主体的地位，使体育学习成为一种积极、能动的创造性活动，大大提高了教学效果。（见下表）

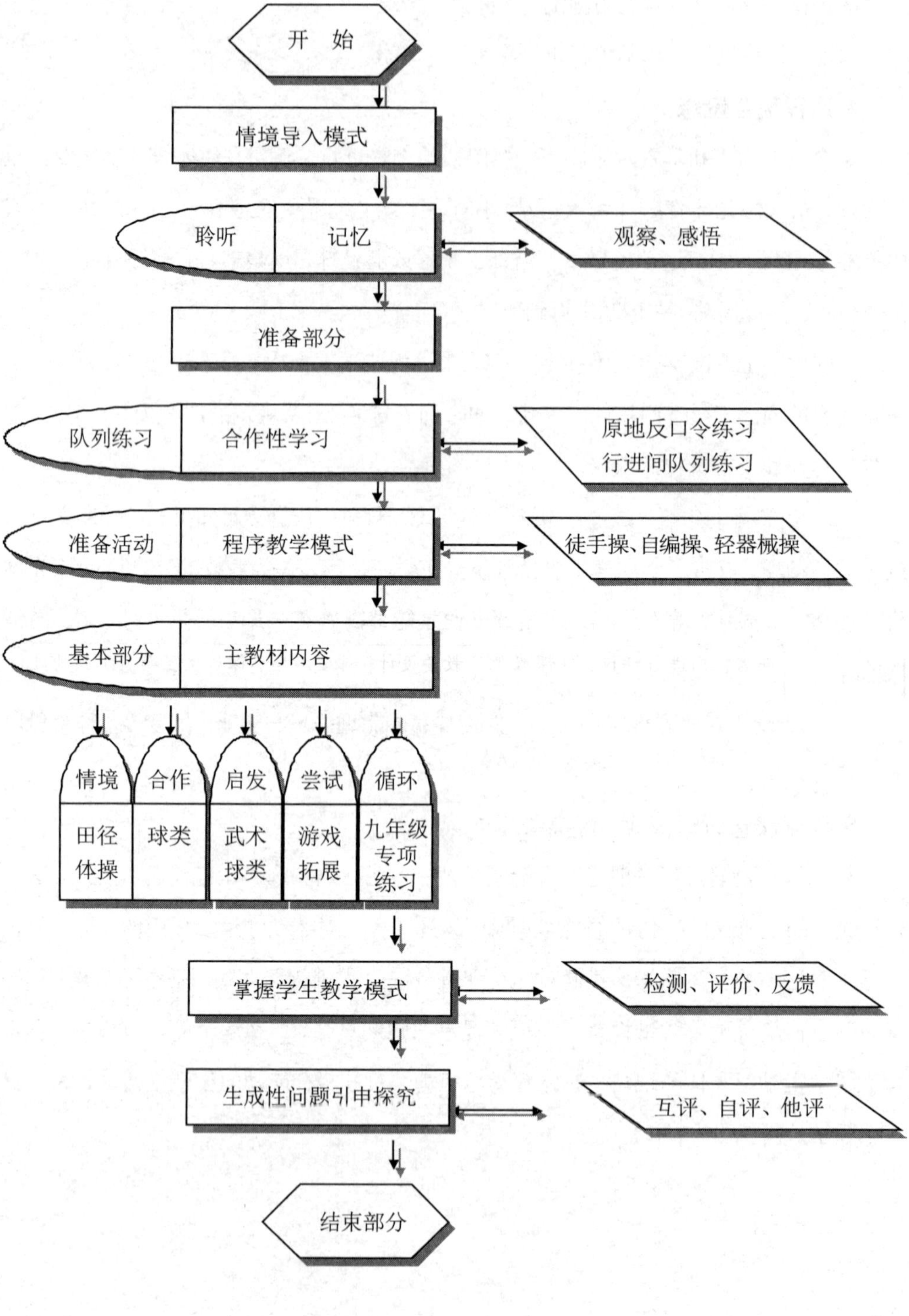
开　始
情境导入模式
聆听
记忆
观察、感悟
准备部分
队列练习
合作性学习
原地反口令练习
行进间队列练习
准备活动
程序教学模式
徒手操、自编操、轻器械操
基本部分
主教材内容
情境
田径
体操
合作
球类
启发
武术
球类
尝试
游戏
拓展
循环
九年级
专项
练习
掌握学生教学模式
检测、评价、反馈
生成性问题引申探究
互评、自评、他评
结束部分

附：

<table>
<tr><td colspan="6">优化课堂教学模式研究</td></tr>
<tr><td colspan="2">任课教师：刘国良</td><td colspan="2">授课班级：八年级（1）班、（4）班</td><td colspan="2">授课时间：2012-11-12</td></tr>
<tr><td>学科</td><td>体育与健康</td><td>课题</td><td>横箱分腿腾越</td><td>课型</td><td>新授课</td></tr>
<tr><td>教学设计思路</td><td colspan="5">以新课程标准为依据，以初中体育过程性考核内容为授课课题。在教学中发挥教师主导作用的同时，确立学生的主体地位，以激发学生对体育运动的兴趣为前提，全面提高学生的身体、心理素质，重视提高学生合作学习、探究学习的能力，通过体操的学习，掌握科学锻炼身体的方法；提高学生运动技能；树立终身体育锻炼意识。</td></tr>
<tr><td>教学模式</td><td colspan="5">小组合作学习、探究学习。</td></tr>
<tr><td>本课特色</td><td colspan="5">1.渗透安全意识的教育。
2.辅助练习新颖有效。
3.巧妙使用器材，教法有创新。
4.合理运用评价手段与方法，体现师评、组评、自评。
5.针对学生个体差异，在教学中体现区别对待。</td></tr>
<tr><td>不足之处</td><td colspan="5">在体操类教学中，应当时刻树立安全意识，教会学生“自保”“互保”方法；在练习中要激发学生练习兴趣，明确动作评分标准，真正能让学生明白体操课的锻炼价值，从而达到培养学生勇敢、果断的精神品质。</td></tr>
<tr><td>组内交流记录</td><td colspan="5">课后组内进行评议，任课教师从教学设计、课堂教学、课后反思与本组教师进行沟通与交流。本组教师指出本课的优点：学生精神面貌好，教师基本功扎实，组织调度合理，学生练习积极主动，教学目标达成度高。也指出了不足：小组合作练习，如何合作，怎么体现合作；合作的主题是什么，如何分工。</td></tr>
<tr><td>个人反思</td><td colspan="5">教学目标的设定上应体现出可操作性、可检测性，三维目标体现之间是相互联系的；明确教法、学法，如教师如何教，教什么，学法是通过哪些方法、哪些练习手段，最终完成教学目标；关注学生活动：学生参与的广度，学生参与教学的表现，学生间的交流，学生完成动作的表现。</td></tr>
<tr><td colspan="6">改进之后的教学模式：小组合作学习运用时，要明确合作的主题、组内分工、评价方法。</td></tr>
</table>

第四辑

大教研组建设

随着新世纪教育和教学改革的日渐深入，传统的、封闭的、各自为政的单一教学模式受到挑战，越来越不适应中小学素质教育和能力教育的要求，变革势在必行。在种类繁多的改革探索中，“‘九年四段’课程探究”的教学模式获得了一致认可，并在教学实践中得到推广和完善。

在“‘九年四段’教学探究”的实践探索中，数学学科因其逻辑性、严密性和系统性的特点，可能更具有明显的学科适应性，符合教学实际，有可能取得更为显著的效果，使之充当改革实验的先锋角色，为这项改革提供更多的教学经验和示范色彩。

陈经纶中学嘉铭分校大教研组自从立项并承担了“‘九年四段’教学课程探究”课题以来，经过一段时间的教学实践，逐步摸索出了一些教学经验。首先，他们找准了“衔接”这个核心点，注重从知识点的衔接入手，进而在教学方法、教学环节、教学体系建构等方面逐层进行深入，树立了“九年四段”大视野和大课程观，成效比较明显。其次，他们的探索过程始终贯彻“能力教育”这根主线，一切从提高学生的自主学习能力出发，注重知识的迁移，落实高效课堂。最后，他们通力协作，共同探讨，在工作中突出一个“和”字，打破高学段和低学段、初中和小学之间的壁垒，经常互相观摩研讨，不断切磋提高，使得“九年四段”数学教学真正成为一个整体。

一切成功在于尝试。“‘九年四段’教学探究”是一项新的尝试、新的探索，取得了初步成果，值得认真总结经验，以利再战。这部分内容把他们探索过程中的一些主要做法、建设规划、规章制度、教研活动状况和知识梳理等几个重要文本集结在一起，既是对前段工作的一种展示，又是对下一步深化科研活动的一个奠基。

第一节　大教研组建设规划

大教研组完成对一至九年级课程的梳理、整合，以中学部教研组和小学部教研组教学研究、指导为一级“校本课程研究”单位，主要针对各学段备课组开展工作。

大教研组在教研组思想建设、常规管理、计划管理、过程监控、总结反思、日常行政事务管理、教研组业务建设、备课组管理、考试管理制度之外，承担如下工作：

一、负责中、小学部学科教研组总体建设的思考。

二、建立、完善学校一至九年级学科数据库，明确各学段学生学习情况，总体把控，进行学习情况总体分析。

三、完善学科学段课程，指导进行学科一至九年级知识点梳理，制定学段教学目标、能力训练目标。

四、完成“九年四段”校本研学材料，整理、编写“九年四段”校本教材，形成“九年四段”知识达标教程、能力、习惯训练目标梯度教程。

五、指导进行各学段学期初计划的制订和期末资料的整理、上传、编撰，进行知识衔接点的挖掘和梳理。

六、指导大教研组活动，分学科指导进行学段说课、听课、评课，完成每学期大教研组每个教师至少一节的听课，全校学科大教研组的推优课、赛课，完成每学期每个学段至少一节的优质课，参加全校的优质课评选活动，提升教学水平。

七、进行分学段教学工作的指导、监督，完成低段到高段知识的过渡教学指导。

八、指导完成学段教研活动，完成“九年四段”课程教研课题。

第二节　语文教学衔接的几点做法

语文大教研组将在新的课程标准指导下，深化语文教学改革，努力转变教育教学观念，大力提高课堂教学的高效性。以全面贯彻党的教育方针、全面推进素质教育、大面积提高语文教学质量为目标，结合学科自身的特点，扎实有效地开展工作。

一、学好理论，更新观念，提高素质

1.认真学习先进的教育教学理论和毕业考试说明，通读一两本理论专著。继续围绕“课堂高效性”“素质教育”“创新教育”等问题，结合语文教学实践，通过专题学习和讨论，提高自身的理论素养，更新教育教学观念。

2.每位语文老师要坚持通读两三种语文教学研究刊物，及时了解语文教学的动态和语文教改趋势，把尝试教学引入自己的课堂；同时，结合自己的教学实践，吸收并消化他人的先进的教育经验，不断练好自身的语文教学“内功”，从而更好地适应现在教育对语文教师所提出的更高要求。

3.紧密结合教育教学实际和课题研究，并根据自身的需要，确定学习重点，讲究学习方式，提高学习效率。

二、加强课题研究，培养学生素养

针对“‘九年四段’中小学语文教学的衔接”这一大教研组的研究课题，加强研究过程管理，及时总结；鼓励老师们结合教学实际，积极撰写论文。

嘉铭分校小学语文组共有12人，其中高级教师8人，一级教师4人。王蕊、张烨老师工作上有经验、有方法，一年级的孩子很快就养成了良好学习习惯。王燕、庞金颖、马云梅、冯临春四位老师深受学生喜爱，他们课堂上能很好地调动学生的积极性，让孩子们都参与到课堂中来，并把语文课堂延伸到课外，让孩子在大自然中学语文。魏素文、李卫、田海燕、杨海英是智慧型教师，他们擅动脑，肯钻研，思规律，形成了自己独特的教学风格。冯玉梅和栾芳老师承担六年级毕业班的教学工作，她们精心备课，深入钻研教材和考纲，把自己全部的精力都投入工作中了。

大教研组研究课题“中小学语文知识点的衔接”已取得初步成果：

1.对学生识字的要求

第一学段：1600~1800个；第二学段：2500个（累计）；

第三学段：3000个；第四学段：3500个（累计）。

2.对学生阅读的要求

第一学段：重点是识字，课堂要讲出字的起源内涵，讲出字的文化。能结合上下文和生活实际了解课文中词句的意思，在阅读中积累词语。

第二学段：重点是理解句子和段落的意思。首先明白一个句子的意思，然后理解句子和句子的关系，再理解一个段的意思。明确段和段之间的关系，进而明白整篇文章的内容和中心。

第三学段：理解文章的主要内容和中心，明确文章的写法，知道修辞的作用，初步认识说明文，对较浅的文章具有初步欣赏的能力。

第四学段：对较深一点的文章有自己的理解，对含义深刻的句子有自己的见解。能明确文章的主旨，知道作者的写作思路，了解文章的写法，对文章的设计和选材有自己的心得体会。具有初步鉴赏文学作品的能力。

3.对学生写作的要求

第一学段：对写话有兴趣，写自己想说的话，写想象中的事物，写出自己对周围事物的认识和感想。

第二学段：注意表现自己觉得新奇有趣的或印象最深、最受感动的内容。

第三学段：珍视个人的独特感受，感情真实。

第四学段：写作要感情真挚，力求表达自己对自然、社会、人生的独特感受和真切体验。有独立完成写作的意识。

4.对教师的要求

要求教师必须熟悉一至九年级的教材、课程标准，明确各学段的知识点和能力训练点，使不同年级的教师都能明确所教年级在整个学科体系中的位置，增强学科衔接意识。教低年级的教师努力为高年级做好学习储备，适当地将学习内容拓展，注意培养学生的抽象思维能力，提高学生思维的严密性。教高年级教师则依据低年级学生的学习基础、学习方式决定教学起点，多使用直观、形象、快乐的教学方法。教学中教师要积极引导学生自主学习、尝试探究。鼓励学生提出自己的观点看法，并动手自己分析、解决问题。

第三节 数学教学衔接的几点做法

在教学中我们发现，在小学低年级数学成绩优异的一些孩子，到了小学高年级或初中阶段会出现成绩下滑，学习数学的兴趣减退，感到很不适应的情况。这些孩子并不是智力水平低，而是在衔接上出了问题。原因是低学段学生在学习习惯上存在着很强的依赖性，在思维的形式上以具体形象占主要成分，在接受知识上以机械记忆为主要方式。他们思维活跃，但缺乏严密性和深刻性；敢于表达自己的想法，但缺乏逻辑性和完整性。而随着学段的增高，教学内容增加、难度加大，对知识的理解、推理的逻辑性有较高的要求，相当一部分学生对高学段数学学习感到吃力。因此，搞好数学教学的衔接，使“九年四段”数学教学具有连续性和统一性，使学生的数学知识和能力衔接自如，是摆在我们数学教师面前的一个重要任务，如何引导他们尽快顺利渡过衔接关，是我们每一位数学教师要思考的问题。要做好衔接，我们认为应从以下几方面着手：

一、明确各学段的知识点，整体把握知识体系

在各个学段，新课程标准安排了“数与代数”“空间与图形”“统计与概率”“实践与综合应用”四个学习领域。这就要求我们要认真学习新课程标准。

在钻研教材进行教学设计时，教师要基于学段，瞻前顾后，置身于学段衔接的高度整体研读教材，把握教学内容。作为中小学数学教师，首先要知道本学段的知识点有哪些，哪些知识点在低学段学过，哪些知识点在高学段还要学习。例如，方程在三个学段都有出现。

学段	内容
第二学段（五年级下册）	简易方程
第三学段（七年级上册、下册）	一元一次方程、二元一次方程（组）
第四学段（八年级下册、九年级上册）	分式方程、一元二次方程

因此，我们要认真梳理知识点，整体把握知识体系，树立“九年一贯制”的大课程观。

二、弄清衔接的知识点，抓好新旧知识的联系与区别

1.夯实基础，训练到位

低学段教师在教学时要认清本学段知识的地位与作用。对于核心知识要狠抓落实，为后一学段学习做好铺垫。例如，在低学段学习四则运算时，就应该知道四则运算是七年级有理数运算的基础，对运算的步骤、方法、书写格式、注意事项等在本学段就要训练到位，不留夹生饭，为初中学习有理数的运算扫清障碍。因此，低学段教师要有“教低学段想高学段”这种前瞻性的眼光和意识，根据知识的内在联系和迁移规律，在教学中尽可能地创造条件，做一些有利于知识衔接的铺垫和渗透。

2.教学要求要适中，符合学生的实际

教学时，教师要立足学生，加强不同学段学生年龄特点的学习与研究，从而选择适合本学段学生的方式展开数学学习。要注重衔接知识点在不同学段的教学要求，是了解、理解、掌握还是灵活运用等，避免一叶障目，不见森林。要做到位，但不越位。有的教师只管教，不考虑在不同学段的要求。有的教师要求过低，不注重学生能力的培养；有的教师则要求过高，超出了学生的承受范围。这两种做法都会适得其反。例如，小学高学段应用题的教学，教师讲得过于容易，学生没有兴趣；过于难，就有可能挫伤学生学习的积极性，从而失去信心。因此，教学中要把握好度，不能一刀切，可以根据学生的学情分层教学。有的学生能力较强，教师就要鼓励学生不局限于算术法列式解应用题，可尝试用列方程解应用题，学生到中学后列方程解应用题，就会水到渠成。

3.做好知识迁移，落实高效课堂

有的课堂之所以高效，其中一个原因就是迁移得好。高学段教师一定要充分了解学情，弄清学生前一学段学到了什么程度，哪些知识学生已会，哪些是新增内容，抓好衔接点，不要面面俱到。有的教师讲得过细，学生低学段已学，掌握得也不错，教师如果再在课堂上神采飞扬地讲，不仅浪费了时间，而且学生该拓展的没有拓展，自然课堂教学是低效的。因此，教学中不能简单重复，课堂上学生会的教师不讲或少讲，由学生自主整理，做好有效迁移。讲新增内容、讲重点、讲难点、讲思维的盲点、讲易错点，有针对性地讲、有针对性地教，做到有的放矢。例如，在七年级学习有理数乘法时，教师把小学学过的乘法的一些方法迁移过来，比如带分数要化成假分数、约分、乘法运算律等，而把重点放在乘积符号的确定上，符号会确定了，就转化成了小学学过的乘法，把新知识化成了旧知识。除了知识迁移，还要注意学习方法迁移、数学思想方法迁移等。

三、能力培养，要常抓不懈

针对不同学段，教师要弄清本学段重点培养学生哪方面的能力，找准学生最近发展区。低学段数学侧重于培养学生认知能力、观察能力、算数能力、口头表达能力；高学段则侧重于培养学生归纳能力、推理能力、分析能力等，要把握好学生能力的增长点。注意从第一学段开始，循序渐进地进行表达与推理能力、空间想象力的持续培养。在“过渡期”放慢脚步，采取半扶半放方式；教师应该放慢教学脚步，适当降低要求，让学生跳一跳就能摘到桃子。能力不是一蹴而就形成的，要持续培养。低学段数学教师，应当从学生的发展出发，有效地“对接”，促进新课程的深入推进。因此，各学段教师根据各学段学生的特点，有计划、有目的地进行培养，使学生在潜移默化中提高能力。

另外，还要通力协作，使数学教学一体化、系统化。教师打破学段壁垒，加强协作，要互相观摩，互相学习，经常在一起研究衔接问题，使数学教学一体化、系统化。

总之，低学段数学知识是高学段数学知识的基础，高学段则是低学段数学知识的延伸、拓展和提高。一学期下来，在学校领导的指导下，在全体数学教师的共同努力下，我们数学教研组，以尝试教学为契机，在教学中关注衔接，发挥学生的主体作用，提高了施教能力，让学生在衔接中长分、长知识、长能力。

附：各学段数学知识体系

数学内容结构表

学段	第一学段（一至三年级）	第二学段（四至六年级）	第三学段（七至九年级）
数与代数	○数的认识○数的运算 ○常见的量○探索规律	○数的认识○数的运算 ○式与方程○探索规律	○数与式 ○方程与不等式○函数
空间与图形	○图形的认识○测量 ○图形与变换○图形与位置	○图形的认识○测量○图形与变换○图形与位置	○图形的认识○图形的变换○图形与坐标○图形与证明
统计与概率	○数据统计活动初步 ○不确定现象	○简单数据统计过程 ○可能性	○统计○概率
实践与综合应用	○实践活动	○综合应用	○课题学习

（一）数与代数

1.数的认识

一年级上册	20以内数的认识，认识符号“<”“=”“>”的含义
一年级下册	100以内数的认识，知道个位、十位的意义
二年级下册	万以内数的认识，近似数
三年级上册	分数的初步认识
三年级下册	小数的初步认识（一位小数的加减法）
四年级上册	大数的认识，十进制记数法
四年级下册	小数的意义和性质
五年级上册	因数与倍数（1、2、3、4、5倍数），合数和质数
五年级下册	分数、小数的互化及大小比较
六年级上册	比和按比例分配（比的意义和性质），负数的初步认识

续表

六年级下册	百分数，正比例，反比例
七年级上册	有理数
八年级上册	无理数，实数

2. 数与式的运算

一年级上册	10以内加减法，20以内进位加法
一年级下册	20以内退位减法，100以内的加法和减法（一）
二年级上册	100以内的加法和减法（二），表内乘法
二年级下册	表内除法，万以内的加法和减法（一）
三年级上册	万以内的加法和减法（二），估算，有余数的除法，多位数乘一位数，分数的简单计算（分母小于10）
三年级下册	除数是一位数的除法，两位数乘两位数，一位小数的加减法（两位数乘两位数的乘法，口算和估算、笔算；三位数除以一位数的除法，口算和估算、笔算）
四年级上册	三位数乘两位数，除数是两位数的除法
四年级下册	四则运算，运算定律与简便运算，小数的加法和减法
五年级上册	小数乘法（小数乘整数、小数乘小数、近似值），小数除法（除数是整数的除法、除数是小数的除法、商的近似值、循环小数），小数四则混合运算
五年级下册	分数的加法和减法（分数的大小比较、真分数和假分数、分数的基本性质、约分、通分、分数和小数）
六年级下册	比例的应用
七年级上册	有理数运算，整式的加减
八年级上册	实数运算，整式的乘除与因式分解
八年级下册	分式运算
九年级上册	二次根式运算

3.常见的量

常见的量	一年级上册	学会看整时、半时
	一年级下册	①认识元、角、分，并了解它们之间的关系；②会读、写几时几分，知道1小时=60分

续表

常见的量	二年级下册	克和千克，进率及单位换算
	三年级上册	认识时、分、秒，知道1分=60秒
	三年级下册	认识年、月、日，了解它们之间的关系
式与方程	五年级下册	用字母表示数，等式，方程，解方程
	七年级上册	整式，一元一次方程
	七年级下册	二元一次方程组，不等式与不等式组
	八年级下册	分式
	九年级上册	二次根式，一元二次方程

4.探索规律

第一学段（一至三年级）	发现给定的事物中隐含的简单规律（一年级下册、二年级下册“找规律”单元）
第二学段（二至六年级）	探求给定事物中隐含的规律或变化趋势
第三学段（七至九年级）	探索具体问题中的数量关系和变化规律，函数

（二）空间与图形

1. 图形的认识

一年级上册	辨认常见的平面图形、立体图形，并能分类
一年级下册	图形的拼组
二年级上册	辨认从正面、侧面、上面观察到的简单物体的形状，认识角和直角
二年级下册	认识锐角和钝角
三年级下册	轴对称（对称现象，认识轴对称图形）
四年级上册	区分直线、线段和射线，角的分类，两条直线的平行和相交（包括垂直）关系
四年级下册	三角形
五年级上册	能辨认从不同方位看到的物体的形状和相对位置
五年级下册	认识长方体、正方体
六年级上册	圆

续表

六年级下册	圆柱和圆锥
七年级上册	图形认识初步，尺规作图
七年级下册	相交线与平行线，三角形
八年级上册	全等三角形
八年级下册	勾股定理、四边形
九年级上册	圆
九年级下册	投影与视图

2. 测量

二年级上册	长度单位（厘米、米）
三年级上册	测量（毫米、分米、千米的认识，长方形、正方形等图形的周长）
三年级下册	面与面积单位，长方形与正方形面积的计算，简单换算
四年级上册	角的度量
五年级上册	多边形的面积（探索并掌握三角形、平行四边形和梯形的面积公式）
五年级下册	长方体、正方体（长方体与正方体的表面积，面积与体积的单位，长方体与正方体的体积计算）
六年级上册	圆（圆的认识、周长、面积）
六年级下册	圆柱和圆锥（表面积和体积）
七年级上册	线段与角的度量，两点间的距离
七年级下册	点到直线的距离，平行线间的距离

3.图形与变换

二年级上册	认识轴对称、镜面对称
二年级下册	平移和旋转
五年级下册	图形的平移（旋转与对称、图形的平移、图形的旋转、轴对称图形、图案的设计）
七年级下册	平移
八年级上册	轴对称

续表

九年级上册	旋转
九年级下册	相似

4.图形与位置

一年级下册	会用上、下、左、右、前、后描述物体的相对位置
三年级下册	位置与方向（给定一个方向辨认其余七个方向，会看简单的路线图等）
四年级下册	位置与方向（能描述简单的路线图，能根据方向和距离确定物体的位置）
六年级上册	位置（用数对确定位置）
七年级下册	平面直角坐标系

（三）统计与概率

1. 统计知识

一年级上册	渗透（象形统计图）
一年级下册	简单的统计表和条形统计图
二年级上册	以一当二的条形统计图
二年级下册	复式统计表，以一当五的条形统计图
三年级下册	两种不同形式的单式条形统计图，平均数（分段统计）
四年级上册	两种不同形式的复式条形统计图
四年级下册	单式折线统计图
五年级上册	中位数
五年级下册	复式折线统计图，众数
六年级上册	扇形统计图
六年级下册	统计图的分析
七年级下册	数据的收集、整理与描述
八年级下册	数据的分析

2. 可能性

三年级上册	初步体验有些事件的发生是确定的，有些则不确定

续表

五年级上册	不但能用恰当的词语来描述时间发生的可能性大小，还要学会通过量化的方式，用分数描述事件发生的概率
九年级上册	概率初步

（四）实践与综合应用

1. 数学广角、阅读与思考

主要向学生渗透一些重要的数学思想方法。

册别	内容	数学思想方法
二年级上册	简单的排列：1、2能组成几个两位数？ 简单的推理：猜一猜他们拿的是什么书？	排列组合 逻辑推理
二年级下册	简单的组合：有几种不同的穿法？共要踢几场球？ 简单的排列：3个数字卡片能摆几个三位数？	排列组合
三年级下册	集合：参加语文、数学小组的共几人？ 等量代换问题：几个苹果与1个西瓜一样重？	集合 等量代换
四年级上册	运筹问题：烙饼、沏茶、码头卸货等。 对策论：田忌赛马。	优化与运筹 对策论
四年级下册	植树问题：两端均栽、两端不栽、封闭曲线中栽等。	植树问题、“化归”思想
五年级上册	数字编码：邮政编码、身份证号码、编学号、书号等。	数字编码
五年级下册	找次品：5件、9件物品中找次品。	优化
六年级上册	鸡兔同笼问题、龟鹤同笼问题等。	假设法
六年级下册	抽屉原理：4支铅笔放入3个文具盒、5本书放入2个抽屉，怎么放？	抽屉原理
七年级上册	“方程”史话	“化归”思想
七年级下册	平移与几何变换	平移变换思想
八年级上册	杨辉三角	由特殊到一般
八年级下册	勾股定理的证明	转化思想
九年级上册	旋转对称性	旋转变换思想
九年级下册	一张古老的三角函数表	事物之间是普遍联系的

2.综合实践活动

一年级上学期	数学乐园	我们的校园
一年级下学期	摆一摆，想一想	认识时间
二年级上学期	我长高了	看一看，摆一摆
二年级下学期	剪一剪	有多重
三年级上学期	填一填，说一说	掷一掷
三年级下学期	制作年历	设计校园
四年级上学期	1亿有多大	你寄过贺卡吗
四年级下学期	营养午餐	小管家
五年级上学期	量一量，找规律	铺一铺
五年级下学期	粉刷围墙	打电话
六年级上学期	确定起跑线	合理存款
六年级下学期	自行车里的数学	节约用水
七年级上册	设计制作长方体形状的包装纸盒	
七年级下册	镶嵌，从数据谈节水	
八年级上册	选择方案	
八年级下册	重心，体质健康测试中的数据分析	
九年级上册	图案设计，设计跑道，键盘上字母的排列规律	
九年级下册	推测植物的生长与温度的关系，制作立体模型	

3.解决问题

“解决问题”的编排是融于数的运算、空间与图形等其他知识领域中的，在学生掌握了相关的数学知识后，教师要给学生创设现实的具体情境，让学生运用这些知识来解决一些相应的实际问题。比如结合计算知识教学，应用这些知识解决相应的实际问题；又如在空间与图形的有关单元，教学利用这些知识解决相应的实际问题；等等。这样就使解决问题教学和各部分数学知识的教学有机地结合在一起，同时从现实情境中提出问题还可以让学生体会数学在实际生活中的应用。

第四节 英语教学衔接的几点做法

一、总体目标

新课标对英语课程的任务是这样描述的："激发和培养学生学习英语的兴趣，使学生树立自信心，养成良好的学习习惯和形成有效的学习策略，发展自主学习的能力和合作的精神；使学生掌握一定的英语基础知识和听、说、读、写技能，形成一定的综合语言运用能力；培养学生的观察、记忆、思维、想象能力和创新精神；帮助学生了解世界和中西方文化的差异，拓展视野，培养爱国主义精神，形成健康的人生观，为他们的终身学习和发展打下良好的基础。"

新课标的任务可以用金字塔形来表示。塔的底端是英语学习兴趣与习惯；中段是有效的英语学习策略；塔尖是英语的综合语言运用能力。这些目标的实现既有整体性、连贯性，又有阶段侧重性。比如，低年级阶段，应当更注意培养学生英语学习的兴趣，培养良好的英语听、说、读、写的学习习惯；中年级阶段，在巩固兴趣与习惯的基础上，形成较深层次的学习动机，帮助学生逐渐形成有效的英语学习方法与策略，应加大阅读与写作的有步骤、有方法的指导训练，使大部分同学形成了初步的语言综合运用能力；高年级阶段，应侧重学生自主学习能力的培养，使学生具备一定的归纳总结与分析能力，增强对语篇的理解能力，提高对文章的主题和文章结构的理解把握能力；英语学习的动机更强、更稳固，最后通过全面、系统的总复习，使学生巩固基础的语言知识，大幅度提高听、说、读、写能力，全面提高学生的语言综合运用能力，能够为今后的英语学习打下良好的基础。

二、教学目标与规划

1.第一学段（一至二年级）英语教学目标与规划

依据新课标中一级的相应要求制定，新课标中对于小学的教学要求明显有所提高。

项目	语言知识
语音	A.知道26个字母名称的读音及在单词中的发音。 B.了解简单的拼读规律，有拼读意识。（21个辅音、5个元音） C.语音清楚，语调自然。
词汇	A.知道单词是由字母构成的。 B.知道要根据单词的音、义、形来学习词汇。 C.能看图说出所学过的熟悉话题词汇。
语法	A.在具体语境中感知以下语法项目的意义和用法。 （名词的单复数和名词所有格；人称代词和形容词性物主代词；一般现在时，表示时间、地点和位置的常用介词） B.在实际运用中体会以上语法项目的表意功能。
功能	了解问候、告别、感谢、致歉、介绍、请求等交际功能的基本表达形式。
话题	数字、颜色、时间、天气、食品、服装、玩具、身体、动物、个人情况、家庭、学校、朋友、节日。

	语言技能
听做	A.能根据听到的词句识别或指认图片和实物。 B.能听懂课堂指令用语并做出反应。 Come here，please. Please go back. Sit down，please. Please stand up. Please open your books. Close your books please. Be quiet .Please，listen to me. Put up your hands please. （Raise your hands） Put down your hands please.（20个课堂常用指令语） C.能根据指令做事情，如指图片、涂颜色、画图、做动作等。 D.能在图片、手势、表情的帮助下，听懂简单的小故事，并做出相应的反应。 Make the bed

续表

	语言技能
听做	A ride on a bus A Fine coat Rose and weed（16个英语小故事）
说唱	A.乐于模仿录音说英语并能坚持每天听磁带跟读（10分钟）。 B.能互致简单问候，交流个人信息。 C.能表达简单的情感和感受，如喜欢、不喜欢等。 D.能学唱儿歌和歌谣10～15首。
玩演	A.能在老师指导下做英语游戏并简单交际。 B.能做简单的角色表演。
读写	A.能看图识词、指认物体认读单词。 B.能在图片的帮助下读懂简单的小故事。 C.能正确书写26个　大小写字母。 D.能正确书写单词和简单的句子，并能初步明白句子开头要大写，结尾要有标点符号。能模仿范例写词句。
视听	A.能唱英语儿歌、说歌谣15～20首。 B.能看懂语言简单的英语动画片和英语节目。

学习策略	情感态度	文化意识
A.逐步养成认真听讲和倾听他人讲话的习惯。 B.在课堂学习中能集中注意力，积极发言。 C.按时认真完成书写作业。 D.能留心观察生活中使用的简单的英语。	A.对英语学习有较高的兴趣，乐于模仿、敢于开口，积极发言。 B.能每天坚持听、说英语10分钟。 C.乐于交流展示自己学过的英语，如歌曲、童谣等。	A.知道英语国家中最常见的饮料和食品的名称。 B.了解英语国家中重要的节假日。 C.对外国文化习俗感兴趣。

2.第二学段（三至五年级）英语教学目标与规划

依据新课标中二级的相应要求制定。新课标中对于小学英语的教学要求明显有所提高。

	语言知识
语音	A.正确认读26个字母，了解简单的拼读规则，能根据字母在单词中的发音规则拼读简单的单词。 B.能够辨析音形相似的单词，知道错误的发音会影响交际。 C.朗读课文时，语音清楚，语调自然。了解单词有重音，句子有重读。 D.了解语音中的连读、节奏、停顿、语调等现象。
词汇	A.知道单词是由字母构成的。 B.知道要根据单词的音、义、形来学习词汇。 C.学习本级话题范围600~700个单词和50个左右的习惯用语，并能初步运用400个左右的单词表达本级相应话题。
语法	A.在具体语境中理解以下语法项目的意义和用法。 （名词的单复数和名词所有格；人称代词和形容词性物主代词；一般现在时、现在进行时、一般过去时和一般将来时；表示时间、地点和位置的常用介词；简单句的基本形式） B.在实际运用中体会以上语法项目的表意功能。
功能	理解和运用有关下列功能的语言表达形式：问候、介绍、告别、请求、邀请、致谢、致歉、情感、喜好、建议、祝愿等。
话题	理解和运用有关下列话题的语言表达形式：个人情况、家庭与朋友、身体与健康、学校与日常生活、问题活动、节假日、饮食、服装、季节与天气、颜色、动物等。

	语言技能
听	A.能在图片、图像、手势的帮助下，听懂简单的话语及录音材料。训练学生能够根据教材中所出现的插图听懂所学对话内容。 B.能够听懂简单的小故事。 C.能够听懂课堂教学中简单的提问、指令和要求并做出适当的反应，训练学生能够根据老师的手势、表情等听懂教师英语授课的内容。
说	A.能够就所熟悉的个人和家庭情况进行简短的对话并能够进行自我介绍和家庭介绍，训练学生进行自我介绍及家庭介绍的口头作文。 B.能够运用一些最常见的日常用语套话，如问候、告别、致歉、致谢等。训练学生把所学日常用语套话运用到日常生活中（尤其是在校生活）。 C.能够在教师的帮助下排练简单的课本剧。训练学生在图片或提示语的帮助下分角色表演简单的课本剧或讲述简单的小故事。 D.能够看图说句子。训练学生根据教材所提供的图片及提示语，用简单的句子描述图片内容，并能就日常生活话题作简短叙述。

续表

	语言技能
读	A.能够认读所学的词语。训练学生能够根据拼读的规律，读出符合拼读规则的生词。 B.能读懂教材中简短的要求或指令，能够看懂贺卡等所表达的简单的信息。 C.能够借助图片读懂简单的故事或小短文并利用教材培养学生按意群阅读的习惯。 D.能够正确朗读所学的对话或短文，训练学生用表情或手势协助表述所要表达的内容。
写	A.能够正确使用大小写字母和标点符号，训练学生养成正确书写句子的习惯。 B.能够模仿示范写句子，训练学生独立模仿范例写句子的能力。 C.能够写出简单的问候语，鼓励学生制作简单的贺卡并用英语写祝福语。 D.能够根据图片、词语或例句提示，写出简短的语句。
玩、演、视听	A.能够按要求做简单的英语游戏。 B.能够在教师的帮助下根据所学阅读教材表演小故事或简单的课本剧。 C.能够唱英文歌曲和童谣30首。 D.能看懂程度相当的英语动画片和英语教学节目。

学习策略	情感态度	文化意识
A.积极与他人合作，共同完成学习内容。 B.主动向老师、同学请教。 C.对所学内容能够主动复习与归纳。 D.在词语与相应事物间建立联想。 E.在学习过程中集中注意力。 F.积极运用所学英语进行表达和交流。 G.尝试阅读英语读物。 H.能初步使用简单工具书。	A.有兴趣听英语、说英语、背歌谣、唱歌曲、做游戏，根据所学阅读内容表演课本剧。能体会到英语学习的乐趣。 B.乐于模仿，敢于开口，积极参加，主动请教。 C.在小组活动中能与他人积极合作，乐于感知并尝试使用英语。 D.乐于接触外国文化，增强祖国意识。	A.知道英语中最简单的称谓语、问候语及告别语。 B.对一般的赞扬、请求等做出适当的反应。 C.知道英语国家最常见的饮料和食物的名称。 D.了解世界上主要国家的重要标志。 E.了解英语国家中重要的节日。 F.知道英语国家的首都和国旗。 G.能初步注意中外文化差异。

3.第三学段（六至七年级）英语教学目标与规划

(1) 课程标准对六至七年级总体目标描述

新课标采用分级的方式，将英语课程目标按照能力水平设为9个级别。小学毕业生应达到二级目标；七至九年级学生，应分别达到课标三、四、五级目标。下面的表格是课标中对相应级别应达到的综合语言运用能力的目标描述。

类别	目标总体描述
二级（六年级）	对继续学习英语有兴趣。能用简单的英语互致问候，交换有关个人、家庭和朋友的简单信息，并能就日常生活话题作简短叙述。能在图片的帮助下听懂、读懂并讲述简单的故事，能在教师的帮助下表演小故事或小短剧，演唱简单的英语歌曲和歌谣。能根据图片、词语或例句的提示，写出简短的描述。在学习中乐于参与、积极合作、主动请教，初步形成对英语的感知能力和良好的学习习惯。乐于了解外国文化和习俗。
三级（七年级）	对英语学习表现出积极性和初步的自信心。能听懂有关熟悉话题的语段和简短的故事；能与教师或同学就熟悉的话题（如学校、家庭生活）交换信息；能读懂小故事及其他问题的简单书面材料；能用短语或句子描述系列图片，编写简单的故事；能根据提示简要描述一件事情，参与简单的角色表演等活动；能尝试使用适当的学习方法，克服学习中遇到的困难；能意识到语言交际中存在的文化差异。

（2）我校六至七年级各段的具体目标描述

根据以上课标中的要求，结合我校师资水平和学生英语学习基础的具体情况，提出我校六至七年级各段的具体教学目标与能力要求。

六年级教学总体目标

年级	学期	知识目标	能力目标	情感态度	学习策略	文化意识
六年级	第一学期	1.用一般过去时谈论过去发生的事情。 2.在就医看病的情境下，运用一般过去时阐述生病的原因。 3.运用一般过去时谈论旅行经历。 4.谈论奥运会。 5.谈论人们穿着打扮。 6.谈论中国十二生肖特点。	听：能听懂简单的配图小故事。 说：1.能就所熟悉的个人和家庭情况进行简短对话。 2.能在教师的帮助下讲述简单的小故事。	1.能体会到英语学习的乐趣。 2.敢于开口，表达中不怕出错误。 3.乐于感知并积极尝试使用英语。 4.积极参与各种课堂学习活动。	1.积极与他人合作，共同完成学习任务。 2.遇到问题主动向老师或同学请教。 3.会制订简单的英语学习计划。 4.对所学习内容能主动复习和归纳。 5.在词语与相应事物之间建立联想。	1.知道英语中最简单的称谓语、问候语和告别语。 2.对一般的赞扬、请求、道歉等做出适当的反应。 3.知道世界上主要的文娱和体育活动。 4.知道英语国家中典型的食品和饮料的名称。

续表

年级	学期	知识目标	能力目标	情感态度	学习策略	文化意识
六年级	第二学期	1.现在进行时（be+doing）。 2.比较级。 3.描述物体的颜色、形状等。 4.从年龄、外貌、性格、爱好、工作等方面描述人物。 5.情态动词的使用。 6.谈论环保话题。 7.打电话用语以及描述天气情况。 8.毕业演讲稿。	读：1.能借助图片读懂故事或小短文，并养成按意群阅读的习惯。 2.能正确朗读所学故事或短文。 写：能根据要求为图片、实物等写出简短的标题或描述。	5.在小组活动中能与其他同学积极配合和合作。 6.遇到困难时能大胆求助。 7.乐于接触外国文化，增强祖国意识。	6.在学习中集中注意力。 7.在课堂交流中，注意倾听，积极思考。 8.尝试阅读英语故事及其他英语课外读物。 9.积极运用所学英语进行表达和交流。 10.注意观察生活或媒体中使用的简单英语。 11.能初步使用简单的学生英汉词典。	5.知道主要英语国家的首都和国旗。 6.了解世界上主要国家的重要标志物，如英国的大本钟等。 7.了解英语国家中重要的节假日。 8.在学习和日常交际中，能初步注意到中外文化异同。

七年级教学总体目标

年级	学期	知识目标	能力目标	情感态度	学习策略	文化意识
七年级	第一学期	一般现在时（be; there be; have/has got; can/can’t一般疑问与特殊疑问句）；代词（人称、物主）；介词（时间、地点）。	具有较强的听、说英语能力，能正确朗读，有一定的课外阅读量，能写简短的文段，具有初步的写作能力。	培养英语学习的兴趣和大胆开口讲英语的良好习惯，帮助学生树立信心。	会用Word map的形式进行分类记忆单词；正确书写句子，使用标点符号。	意识到文化交际的差异，学会正确的语言表达，遵循英语国家的语言与文化习惯。

续表

年级	学期	知识目标	能力目标	情感态度	学习策略	文化意识
七年级	第二学期	现在进行时；一般将来时（be going to; will）；形容词、副词的比较级、最高级（单音节、多音节）；一般过去时（肯定句、否定句；疑问句）。	继续强化听、说能力的培养；能背诵课文中好的文章，增强课外阅读量；具有一定的写作能力，能用已学过的四种时态正确描写日常生活及旅游经历。	继续巩固加强英语学习兴趣的培养；鼓励大声、大胆讲英语的习惯；有合作学习的意识；对英语学习有信心。	巩固分类记忆单词的方法，尝试利用联想、反义等方法记忆单词；掌握抓住文章大意的阅读策略；学习阅读报刊文章的方法。	对文化交际的差异比较敏感，注意在语言交际中，遵循英语国家的语言与文化习惯；注意英语与美语的表达差异。

4.第四学段（八至九年级）英语教学目标与规划

（1）课程标准对八至九年级总体目标描述

新课标采用分级的方式，将英语课程目标按照能力水平设为9个级别。八至九年级学生，应分别达到课标四级、五级目标。下面的表格是课标中对相应级别应达到的综合语言运用能力的目标描述。

类别	目标总体描述
四级（八年级）	有明确的学习需要和目标，对英语学习表现出较强的自信心。能在所设日常交际情景中听懂对话和小故事。能用简单的语言描述自己或他人的经历，能表达简单的观点。能读懂常见文体的小短文和相应水平的英文报刊文章。能合作起草和修改简短的叙述、说明、指令、规则等。能尝试使用不同的教育资源，从口头和书面材料中提取信息、扩展知识、解决简单的问题并描述结果。能在学习中相互帮助，克服困难。能合理计划和安排学习任务，积极探索适合自己的学习方法。在学习和日常交际中能注意到中外文化的异同。
五级（九年级）	有较明确的英语学习动机和积极主动的学习态度和自信心。能听懂有关熟悉话题的陈述并参与讨论。能就日常生活的相关话题与他人交换信息并陈述自己的意见。能读懂相应水平的读物和报纸、杂志，克服生词障碍，理解大意。能根据阅读目的运用适当的阅读策略。能根据提示独立起草和修改小作文。能与他人合作，解决问题并报告结果，共同完成学习任务。能对自己的学习进行评价，总结学习方法。能利用多种教育资源进行学习。进一步增强对文化差异的理解与认识。

(2) 我校八至九年级各段的具体目标描述和教学规划

根据以上课标中的要求，结合我校师资水平和学生英语学习基础的具体情况，提出我校八至九年级各段的具体教学目标与教学规划。

年级	学期	知识目标	能力目标	情感态度	学习策略	文化意识
八年级	第一学期	现在完成时态；过去完成时态；反意疑问句；动词不定式；情态动词用法；提建议；介词（空间与运动）。	继续努力提高听、说能力，能听懂简单故事，获取主要信息。能就话题进行几个回合交谈，能分角色表演对话。扩大阅读量，提高阅读策略，提高阅读理解能力；加强写作训练与讲评，提高写作能力。	巩固英语学习的兴趣，从表层的兴趣逐渐加深对英语语言的热爱，强化学习动机。巩固良好的英语学习习惯，培养每周作文的习惯。	学会利用不同的阅读策略，快速阅读文章，抓住文章大意，了解文章结构。找到并形成自己独特的英语学习方法。	意识到东、西方文化的差异，对不同国家的文化有进一步了解的愿望和学习的热情。
	第二学期	句子成分；宾语从句；状语从句；现在分词与动词不定式；直接引语与间接引语。	巩固提高听、说能力；注意课堂上多讲英语，创设英语情境，提供多种课堂活动，加大语言的应用训练。进一步指导阅读训练，提高上下文猜测生词及理解文章大意的能力；坚持每周的写作训练，提高学习的写作能力。	多赞扬、多鼓励，帮助学生形成积极的学习态度，保持学习的兴趣、积极性。培养做事认真，具有一定的意志品质，不退缩，注意对后进学生的指导与帮助，积极调整学习方法，激发不断努力的学习动机。	重点是提高阅读与写作能力。扩大英语的课外阅读量，进行有计划的阅读技巧的训练。对不同题材的文章，都有所了解和应用。强化写作训练，了解写作的步骤和基本方法。	对东、西方文化的差异性有更深入的理解，并能在口头、笔头应用中，注意文化的差异，具有一定的文化视野。

年级	学期	知识目标	能力目标	情感态度	学习策略	文化意识
九年级	第一学期	被动语态（现在时，过去时，将来时，完成时，情态动词）；限定性定语从句（冠词与数词）；主谓一致；构词法。	提高听、说能力，尤其是理解较长对话或文段的能力；加大专题阅读训练，努力提高阅读理解与解题能力；注重对重点题材、体裁的写作，提高写作的积极性与能力。	乐于与同学小组合作学习，具有一定的合作学习精神。有明确的学习目的，学习主动性、自觉性增强。	具有一定的英语学习策略，能够分析自己的优势与弱势，有一定的自我调节能力，形成自己英语学习的方法。	乐于接触与了解异国文化；对本国文化有更深刻的了解。
	第二学期	复习名词、冠词和数词的用法；复习代词和介词的用法；复习形容词、副词的比较级和最高级；复习情态动词的用法；复习已学过的动词时态；复习被动语态；复习状语从句和动词不定式的用法；复习宾语从句和定语从句。	能够谈论旅游；能够谈论学校生活并会进行比较；能够做比较；能够发出指令、提出建议；能够谈论健康的生活方式；能够谈论食物和饮食习惯；能够询问有关语言学习的信息；能够发表自己对英语学习的看法；能够表达感谢等情感；能够为未来制订规划。	能与他人合作，解决问题并报告结果，共同完成学习任务。能对自己的学习进行评价，总结学习方法。	能利用多种教育资源进行学习。	进一步增强对文化差异的理解与认识。

附1：

××学年第一学期第一、二学段

英语教研组工作计划

指导思想

1. 教研组在学校教学工作的作用。教研组是学校教学活动的重要组织，是提高教学质量，建立学校教学研究制度的重要基地；同时也是教师提高专业知识水平，分享教学经验和交流教学科研成果的基本单位。

2. 以科研带教研，促教研组发展。我们英语教研组秉承“人人参与，人人提升，让科研成为工作习惯”的教科研大会的精神，以提高英语教研组教师科研能力和嘉铭小学英语教学质量为目标，增强教师的学习意识、教研意识、质量意识、合作意识；在教学工作上，以新课程改革为契机，以优化课堂教学理念为先导，以培养学生的创新精神和实践能力为重点，不断深化课堂教学改革，全面提高英语教研组教育科研水平。

工作目标

1. 以新课改为契机，以优化课堂为指导，抓实英语学科日常教科研活动，落实每一节常态教学，真正地实现高效课堂。

2. 以国家课程标准为蓝本，开发探索有利于学生个性化发展的英语校本课程。

3. 全面提高英语教学质量，力争做到常态优质，促进学生英语学习力的可持续发展。

小学英语学科现状分析

1. 教师情况：本学期英语组共有5名教师，均为本科及本科以上学历，其中有3名教师是英语专业毕业。年龄跨度在25~40岁之间，处于此年龄段的教师脱离了刚毕业教师的稚气但又不乏活力，他们对教师这一职业充满热情，乐于接受新思想，能够适时适度地将新的教育理念和思想融入自己的教学中，使之形成与时俱进的教学理念，行之有效的教学策略，并应用于日常英语教学中。

2. ××年我校三、五年级参加区抽测情况：在朝阳区统测中，我校英语成绩优秀。不仅如此，我校六年级毕业生在毕业考试中年级平均分为96.32分，经纶班平均分达到99分。由此可见，我校英语组的教师不仅拥有一颗热爱教育的心，而且能够踏踏实实、较有实效地完成日常教学工作。尽管取得的成绩令人欣喜，但这已是过去式，面对未来、着眼现在，更需要我们静下心来好好反思：首先，我校英语教师骨干比例极为匮乏，有很大的提升空间。其次，我们所取得的成绩囊括了教师们多少个加班，又是我们放弃了多少和家人团聚的时间换来的。离“高效优质”的教学要求，还需不断攀升。因此，让教科研成为一种习惯，高效优质地保证每一节常态课教学，尽量减少高耗低效，切实做到“天天高质量，节节高效率”，是我们英语组教师目前需要突破的最大瓶颈。

基于上述分析，第一、二学段英语教研组三年发展规划及立项的具体内容如下：

立项一：依托国家课程标准，探索开发具有经纶特色的英语校本课程

“国家课程校本化”是建设个性化学校，成就个性化教师，培养个性化学生的具体体现。现代课程价值的取向就是要使每一个学生的个性得到充分的发展。在小学英语教学的整体目标上不仅仅是关注学生知识有所得，能力有所提高，更重要的是要使学生能够认识自我，建立自信，拥有学习英语的兴趣。同时要让学生在学习英语的过程中，形成适合自己的学习策略。在小学英语教学中，教师的教材选用和教法设计，要密切结合学生的生活实际，考虑学生的认知水平和心理发展水平，考虑不同年龄段学生的学习要求与个体差异，使不同的学生在各自原有的基础上，获得英语学习的乐趣、自信，具有初步运用英语的能力。基于对我校一至六年级学生的特点，我们英语组教师按照低、中、高三段开展适龄的英语校本课程的开发与实施。

1.开发与实施以英语兴趣培养为主要特点的低段英语校本课程，侧重于听

低年级段是刚入学和已经习得一年英语知识的一、二年级的小同学，他们对英语这门课程充满好奇，有的只是一些朦朦胧胧的概念。因此，通过各种积极有效的教学策略激发学生对英语学习的好奇心和兴趣就成为我校低年级段英语校本课程最主要的特点。

（1）英语儿歌是小学英语低年级教学中常用的辅助手段，小学生往往乐于听、乐于唱。例如，教师将英语书中学生喜闻乐见的字母歌谣作为低年级校本课程一个方面。其目的不仅在于继续巩固书中儿歌，更重要的是让学生对字母儿歌有一个系统的掌握，而且也可创编儿歌。

（2）听歌曲学英文培养兴趣是一种老生常谈的方式，但对于只有七八岁的小学生而言，如果单纯地听只是重视其形式，到底学生听懂了多少还只是图一个热闹就听听节奏。因此适当的任务介入能够使学生英文歌曲听得更有效。为此，我们努力体现任务设计的梯度，一首英文歌曲使学生从听、说、读、写四个方面都得到提升。

2.开发与实施以新奇易于表达为主要内容的中段英语校本课程，侧重于说

（1）中段年级学生注意力不稳定、不持久，难于长时间地集中于同一件事物，容易为一些新奇刺激的事物所吸引，所以他们对动画或是能动发声的教具感兴趣。基于学生的特点，我校将趣味英语小故事作为三、四年级学生校本课程。本课程是学习英语小故事，故事内容来源于学生比较熟悉的中文故事，易于学生对其英文的理解，如Farmers and snake和Mr. Dong Guo and Wolf 。学生学习英语小故事分为四个步骤：首先，理解故事，教师引导学生理解故事情节，调动学生兴趣，使学生置身于英语故事情节中，能促使学生超越现实时间的藩篱，为学生开展各种角色的扮演提供了广阔的空间。其次，朗读故事，教师以多种方式来让学生讲英语故事。最后，以故事为载体，锻炼学生英语阅读能力和表达能力，进一步加强听说训练。

（2）着重抓三年级学习关键期，为此我校将来自美国专攻小学英语教育的Stephanie作为三年级学生的外教老师。Stephanie不仅可以为学生补充一些非常地道的本土学习资料，也可以协助三年级任课教师根据课本话题内容为学生进行相应文化背景知识的拓展介绍，更好地完成英语教学工作。

3.开展与实施以阅读理解为主要目的校本课程，侧重于读

（1）五、六年级学生已经有了一定的英语基础，针对高年级学生特点，设计了看电影学英语的校本课程。本课程的教材难度控制在初级英语水平，学生应能基本阅读并理解主要内容。例如英文版动画片《怪物史莱克》中动物之间的对白堪称经典，

在学生观看完动画片后，教师指导学生学习影片中的经典台词，并选取自己喜欢的动物，模仿它的说话内容和语气，进行角色扮演，并评出“最佳表演奖”“最佳语音奖”。

（2）继续在六年级引入新概念课程，经纶班开设《新概念2》的课程，其他班级开设《新概念1》课程（从第50课开始）；课文对话所涉及的语法由年级任课教师进行，单词的用法、课文内容，以及文化背景知识的介绍由长期与六年级老师合作，来自加拿大的外教进行教学。任课教师与外教老师密切合作，不仅关注学生在外教课上的表现，而且要对新概念课程中所涉及的对话及单词要有落实，有效地开展三维一体的新概念教学模式。外教引领西方文化，全英文进行授课，任课教师协助解决语法上的困难并设计行之有效的活动，学生既习得了文化背景知识，又在任课老师的帮助下解决了难点，最终在“倒背如流型概念我能行”活动中获得成功，可谓知识与能力双丰收。

4.以教师为指导，以社团为载体，确保嘉铭分校小学英语校本课程的有效实施

学段	社团名称	内容标准	主要负责人
低学段	英语歌曲社团	1. 26个字母歌谣能够倒背如流，程度好的学生能够编字母歌谣。 2. 每学期，学生能够至少学会3首英文歌曲。	苏金钰老师
中学段	英语故事社团	1. 每学期，学生能够至少用英文讲3个故事。 2. 学生根据所学故事内容，编演课本剧。每学期至少一部。	付玉珍、黄越梅老师，外教协助
高学段	英语电影台词社团	1. 学生每学期至少观看5部学生适龄电影。 2. 在教师的指导下，精学影片台词。 3. 由学生改编或再现影片的精彩环节，每学期至少两部电影。	滕立立、王晓晴老师，外教协助

立项二：立足常态课堂，深入研究教法，促进教师的专业发展，培养个性化学生

1.加强教育理论学习，提高教师理论素养

学习英语新课程标准，积极开展教学改革实践活动，努力提高英语教师的整体素质，特别是英语语言专业素质，为提高英语教学质量奠定基础。同时要求教师学习并熟练掌握电脑技术、多媒体教学和网络教学手段，并适当地运用到英语教学中来，丰富和改进教学内容和方法，提高教学质量优化效果。

2.以教研为先导，以高效课堂为保证，确保质量优化

规范教学常规工作，构建常态优质的高效课堂。全组教师以小学新课程标准为依据，依托尝试教学理论，认真钻研教材，在教学中根据各班学生的实际情况，结合英语教学的特点，切实提高学生的英语能力。

（1）以教研组为单位，开展低、中、高段“二研”“三定”“四备”“五统一”的集体备课。二研：集体备课前认真研读教材，仔细研读教学大纲；三定：定时间、定地点、定中心发言人；四备：备重点、备难点、备教法、备作业（还应包含周考、月考检测）；五统一：统一教学思想，统一“双基”、“双力”（智力、能力）和“双育”的内容与要求，统一课时安排、统一达标题目、统一考核要求。各段任课教师根据集体备课的备课提纲和各班的学情，对教案进行有效复备。

（2）规范常态英语课堂教学，形成课前预习，课中精讲精练，课后依托校本促发展的小学英语课堂教学模式。在经过一年的英语预习学案的研究，我们已经形成了旧知回顾、新知自学、疑惑不懂记下来的英语预习学案模式，这不仅可以提醒学生自己在课上认真学习什么，同时也为学生在课上慢慢学会提出问题奠定了基础。作为教师，我们也要把学生的预习情况纳入备课的环节中，根据学生预习的情况有的放矢地开展日常课堂教学，避免课堂教学与预习学案两分离的现象，将尊重学生、尊重学生的需要落在实处。

（3）实施小学英语分层作业，真正落实“减负提质”。分层作业是指教师在设计、布置作业时，根据不同层次学生的各种情况，如课堂表现、掌握程度、已有水平

等，设计出不同目标、不同内容、不同要求并适合各类学生的作业，从而帮助、促使不同层次的学生都能有效完成的英语作业，它可以使学生在原有水平上都能获得发展：优生能在巩固基础知识的同时不断拓展，使自己的知识量和灵活性都有所提升；中等生可以在保证基础知识扎实的情况下有较大的进步，在灵活运用方面有所提高；而学困生则确保能掌握课标设定的教学底线。在批改时也根据不同层次的学生进行科学合理的评价。

根据学生的学习程度布置分层作业：

作业类型		优生	中等生	学困生
书面作业	识记类作业	要拓展课外知识，积累词汇	学生除掌握识记内容外还要运用到语言中去	抄写识记内容，直至掌握
	练习类作业	根据学生的能力，使他们在确保达成基础目标的基础上，努力完成发展目标，以发挥各自潜在的能力，寻找更广阔的发展空间	练习题要确保基础知识牢固掌握的同时还要能够灵活运用，做到“下要保底，上不封顶”	完成最基础的题目，确保基础知识的掌握，控制练习题的数量、降低难度
口语作业		掌握教材内容的同时，读一些小故事，听、读简单的英语广播，收集英语资料，进行简单的英语演讲	学生除听读教材录音，还要对课文进行模仿复述	学生听、读教材磁带，直至熟练

立项三：重视课题研究，以科研带教研，力求课题研究见成效

1.课题引领，培养科学的学科习惯

以朝阳区“小学日常学习习惯培养”的研究课题为依托，针对小学生学科特点，在英语教学中，从善听、好说、悦读、乐写四方面培养学生的学科习惯。

（1）善听：培养学生静心听教师示范的习惯，仔细听录音的习惯，善于倾听他人的习惯，以及加强听力技巧的训练。

（2）好说：培养学生课堂上积极发言的习惯，课后坚持自由会话的习惯，以及创设情境，让学生想说、能说。

（3）悦读：依托区级课题，我校英语组撰写了“小学生英语阅读习惯的培养策略

研究”课题。

课题总目标

巩固和扩大词汇量，增强语感，提高学生的阅读速度和理解的准确度。

培养学生的阅读策略及正确的阅读技巧。

感悟故事文化习得阅读方法，丰富学生的背景知识，增加语言输入量，提高语言理解和运用能力。

教师掌握有效的英语阅读教学策略。

分级目标

一、二年级：能够在他人指导下，借助图片阅读简单的词句。负责人：苏金钰老师

三、四、五年级：有初步的阅读计划，能够在词语与相应事物之间建立联想，在阅读中逐步形成猜测词义与句意的意识。负责人：黄越梅、付玉珍老师

六年级：有自觉的阅读行为，能够带着目标阅读，借助阅读策略或工具书理解其内容；喜欢阅读各种英语读物。负责人：滕立立、王晓晴老师

课题研究的预期成果

学生英语阅读的兴趣得到培养，并能自觉地进行课外阅读，丰富自己的阅读体验，能与同伴分享阅读的乐趣，形成良好的阅读氛围。

学生在阅读中扩大词汇量，能在不同的语境中理解不同单词和句型的意思，对出现的文化背景有深刻的感悟和理解。

形成克服困难的毅力，养成良好的阅读速度。

在阅读中习得基本的阅读策略，丰富学生的英语阅读背景知识，阅读能力切实得到提高。

(4) 乐写：培养低学段学生字母的规范书写；中学段学生词、句的规范书写；注重培养高学段学生话题仿写的能力。

2.专家导航，启思同行

积极向领导申请，为英语组教学搭设平台，开展“走出去，请进来”的活动。

立项四：注重日常教学资源积累，建立完备的英语资源库

1.结合学科特点，教师注重日常教学的积累，从以下几个方面构建完备的英语资源库。

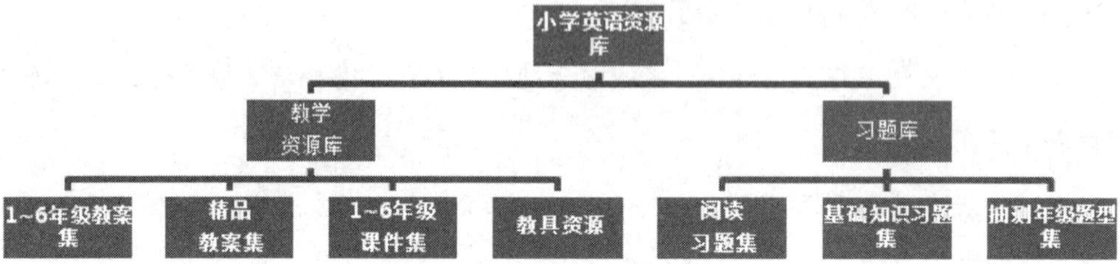

上述图表是我校英语组资源库框架图，分为教学资源库和习题库两大分支。

（1）教学资源库。其下设有一至六年级教案集、精品教案集、一至六年级课件集，以及教具资源。其中一至六年级教案集、课件集及教具资源便于教师的循环使用，教师可以把大量编写教案的时间省下来，用在课程重要环节的设计和思考上。精品教案集是授课教师在经过教研组集体备课、集体磨课后，凝练出的精华。它是全组教师智慧的结晶，里面也囊括了各种较为有效的教学设计和策略，收集精品教案旨在收集优秀的教学设计和方法，使其应用于日常教学，使每一节课都成为精品。

（2）习题集。其下设有阅读习题集、基础知识习题集及抽测年级题型集。其中阅读习题集和基础知识习题集是分低、中、高学段进行汇总。三、五年级抽测题型集需要责任教师按照以下步骤进行题型集开发与完善。首先，积累收集自有区统测以来所有试卷，进行分析，旧题型被新题型所代替，但知识点的考查是不会缩减的。因为抽测年级教师要有试卷题型的敏感度，能够查找出旧题型的知识点是如何在新题型中体现的。其次，就目前两年题型难度指数、考查知识点及施教策略进行简要分析，使抽测题型集更加完善。

2.习题库的最终目标是一年后充分完善英语组题库的同时，出一套属于嘉铭分校自己的英语练习册。

3.人人出力，补充完善小学英语组习题库。

附2：

××学年第一学期第三、四学段

英语教研组工作计划

指导思想

学校明确指出教研组和学科建设是促进教师专业发展的平台；教研组和学科建设是学校推进办学个性化和施教科学化的载体；教研组和学科建设是加强教学改革提升教学质量的保障；教研组和学科建设是促进陈经纶中学建设首都名校的转轨。……认真学习英语新课程标准，深入开展学科教学的研究，形成陈经纶中学英语学科特色；提升英语教师的个人施教能力，组建最优秀的教师团队。

教研组和学科定位

教研组是站在首都名校建设的平台上，立足以校为本，全面深入教科研工作；立足以师为本，促进教研组建设；立足以生为本，提升学生学科学习能力。我们要把教研组和学科建设打造成教师有科研的能力，学生具有长远发展的学力，开阔视野的校本课程，高效提质的有效课堂，丰富充实的资源库，学力强的优生团队，最终为学生的终身发展服务。

工作目标

1.科研课题：深入开展，人人参与，提升能力；

2.学科建设：特色鲜明，丰富多彩，高效优质；

3.课堂教学：导学案引领，小组合作提效，课型模式形成；

4.学生学力：养成习惯，掌握方法，提高能力；

5.学科资源：精品呈现，形成体系，成果积累。

整体思路

“一提升”：提升教研组教师的科研意识；

“两结合”：学科课程与校本课程相结合、课内学习与课外学习相结合；

“三研究”：研究自主学习导纲、研究课堂导学案、研究课型模式；

“四培养”：培养学生学科习惯、培养学生学科方法、培养学生学科思维、培养学生学科文化意识；

“五形成”：教师个人形成特色、优质课堂形成常态、优秀学生形成团队、学生活动形成传统、学科资源库形成体系。

具体方案和措施

1.提升科研意识和水平，做研究型的教师

（1）我们很自豪地说我们是具有很强科研能力的团队，完全可以引领教科研的研究。

张丽娜：中学一级教师，校级骨干，“十二五”区级课题组主要成员，教学与管理双面手，现为嘉铭分校初中部教学主任。

师海红：中学高级教师，市级骨干教师，有着丰富的教学经验及先进的教学理念，多次参加市区级课题研究，教学成绩优异，现为嘉铭分校“九年四段”英语教研组组长。

孙红艳：中学高级教师，朝阳区英语学科兼职教研员，校级骨干，学案教学已初具特色，“十二五”区级课题组主要成员，教学成绩优异，现为嘉铭分校初中英语教研组组长。

戴薇：中学二级教师，多次担任九年级毕业班的教学任务，思维敏捷独特，善于短时高效，现为嘉铭分校初中英语九年级备课组长。

本学期，我们又增添了新的力量（三位老师），壮大了队伍。

（2）本次我们申报的研究课题的题目是“通过报刊阅读提升学生读写能力的研究”，我们教研组成员经过认真的讨论确定了这个研究题目，目的是提升学生的阅读和写作水平，为学生在英语方面的可持续发展打好基础。在课题研究的过程中，要人人参与，承担相应的研究任务，呈现研究成果，真正提升科研能力，从经验型教师转型为研究型教师。

2.课程的规划与开发：学科与校本相结合，形成英语学科特色

（1）课程规划与开发的意义：校本课程资源的合理开发是对课程教学的一种补

充和延伸，目的是拓展学生的知识面，充分挖掘学生的潜能，培养学生学英语的兴趣，培养学生欣赏英语国家文化的能力和创新能力，培养学生良好的道德品质和人文素养，培养学生的国际参与意识和跨文化交际能力，发展学生的个性，提高他们的基本素质。

(2) 国家课程校本化：以自主学习导纲和课堂导学案为载体，在探讨科学有效的课堂模式上，我们嘉铭分校英语组在上学年研究优化课堂教学的基础上，积极打造具有嘉铭特色的优化课堂教学模式。主要通过自主学习导纲和课堂导学案为载体实现落实。流程如下：

自主学习导纲

一、本周学习目标
二、必会短语与句型
三、重点解析
四、试试吧
五、答疑解惑

课堂导学案

一、学习目标
二、预习展示
三、尝试自学
四、学以致用
五、当堂检测

通过自主学习导纲和课堂导学案两个载体，实现英语学科优化课堂教学模式。

我们的预期成果是由备课组长负责编辑成册，进行优秀编写备课组的评选。

(3) 校本课程经纶化：开发校本课程，拓展学生学科知识视野，培养和强化学生对英语学科的兴趣。

六、七年级：英语视听说。本课程主要是带领学生观看一些英文影片，聆听原汁原味的英语，开展一些电影配音的表演活动，鼓励学生大胆模仿语音、语调。还有学唱一些英文歌曲，围绕话题进行辩论和演讲，举办英语角活动等。学生们通过这个课程的学习，一定能够丰富英语语言，提升口语表达能力。

八年级：英语国家文化背景概况。本课程主要是通过教师图文并茂的讲解，或通过学生查找资料并进行展示，或学生小组合作等方式，使学生了解英语国家的文化和与我们中国文化之间的差异，增强文化意识。学习的方面有：关于英语国家问候语的说法；关于英语国家幸运的数字和忌讳数字的话题；关于中西方国家饮食文化的差异；关于中西方国家节日的介绍；关于英语国家的音乐文化；关于英语国家的科技发展；关于英汉语言的比较；等等。

九年级：英语美文赏析。本课程主要是通过阅读英文版的《心灵鸡汤》，欣赏美丽的英文，感悟人生的哲理，分享人生的经历，同时拓展了课外词汇，对突破中考难点完形填空有很大的帮助。

3.提升教法和教学能力：落实导学案教学课堂模式，开展高效课堂的研究

教师施教能力的提升，以如下六个方面为抓手：

参与课题，集体备课，优质课堂，课例研究，课后反思，专题讲座。

（1）集体备课标准

做到：

“四定”：定时间、定地点、定主讲人、定内容；

“五备”：备学生、备教材、备教法、备计划、备考试；

“五统一”：统一思想、统一目标、统一进度、统一内容、统一检测。

（2）集体备课成果考核

自主学习导纲、课堂导学案、教学课件、模块检测题、优生提升训练、学困生达标训练。

周——集体备课要提前2周完成备课任务。备课完毕后上交备课物化成果，教研组长审核；审核不合格的备课组，教研组长进行指导并限时按要求整改。

月——制定教研组月量化考核通过，量化考核督促组员落实。

（3）以“课例研究”为切入口的课堂教学研究

目的是通过组内做课、评课、交流，研究教法，不断提升教师的施教能力与水平，不断提高教学效率，提升教学质量。

我们将根据课型特点，开展不同课型的研究。

有听说课课堂模式、阅读课课堂模式、写作课课堂模式、语法课课堂模式、讲评

课课堂模式、报刊阅读课堂模式。

我们将根据年级特点，开展不同课型研究。

①研究同课异构：在七年级英语教师中，进行校级同课异构教学展示，即同一教学内容，不同教学设计，老师需要自己独立备课，运用不同的教学方法，高效完成教学任务，检验和提升教师的教学基本功。

②研究同课同构：在八年级教师中，进行校级同课同构教学展示，即同头集体备课，形成统一的教学内容和教学设计，教师完成教学任务，检验和提升教师课堂的把控能力和生成应变能力。

③研究分层异构：在九年级教师中，进行校级分层异构教学展示，即每位教师根据不同层次的学生，围绕同一教学内容，进行不同教学设计，满足学生的不同需求，检验和提升教师的学情分析能力和分层教学能力。

教师在教学能力方面要做到“七个一”：一个课题、一次讲座、一篇论文、一份读后感、一节高效课堂、一篇听课点评、一篇教学案例及反思。

制定课堂评价标准，开展组内优化课堂研究课。

4.提升学生学习能力：培养学生英语学科学习的兴趣和习惯，训练学生英语学习方法和思维，提升学生英语学科的学习能力

（1）首先要从中学起始年级七年级开始抓起，下力气培养好的英语学习习惯和学习方法，激发英语学习兴趣，使学生爱学习、会学习，获得成功的学习体验，培养初步的英语思维能力，具有初步的口头、笔头表达能力。到八年级，英语学习习惯培养不放松，需继续巩固好习惯，改正不良的习惯，调整学习方式方法，基本形成适合自己的英语学习方法与策略，英语思维能力有了一定的发展，口头、笔头表达能力有了明显提升，阅读量增大，篇章理解能力有了提高。九年级是最高年级，面临中考考验，学习负担重，仍需保持良好习惯，优化学习方法，重点培养学生英语思维的深度与广度，在阅读与写作方面有明显提升。综上所述，我们的规划如下：

七年级：培养学生良好的“听、说、背、记”习惯

听：学会倾听，听清再说；多听录音，坚持每日20分钟听力训练，感受英语语

言、语调、语流变化。

说：大胆开口说，不怕出错；多发言、多朗读、多与他人英语会话。

背：大量背对话、背课文，每周坚持完成必背一篇文章；一学期累计必背文章不少于20篇。

记：按发音规则记忆单词，克服遗忘规律，及时反复，多记忆，勤反复；每学期记单词不少于300个，争做单词争冠王。

八年级：培养学生良好的"预习—听讲—作业—复习"习惯

预习：课前朗读，用词典查阅生词；预习课文，达到初步理解。

听讲：要专心，学会倾听老师和同学发言；积极参与课堂互动；积极发言、参加活动展示。

作业：书写规范，字迹清楚；保证作业质量，及时修改错误。

复习：及时复习，养成日复习、周复习、月复习、阶段复习和考前复习的习惯。

九年级：培养学生良好的"梳理—归纳—探究"习惯

梳理：梳理三年所学的词汇、语法、句型等语言知识。

归纳：归纳出中考考点，总结中考题型，概括出解题方法。

探究：探究中考中的难点，突破解题途径。

(2) 提升学生在英语学科学习力的有效途径。

学习能力的高低，决定一个人的终身发展。英语学习能力的提升，来自好的英语学习习惯和正确的学习方法，来自科学的英语思维训练。好的英语学习习惯是成功习得英语的重要保证，是高效课堂学习的保证。英语教师必须抓住时机，在日常的课堂教学中，一点一滴，循序渐进地培养学生优秀的学习习惯，帮助学生掌握优良的学习方法，培养他们用英语进行思维的能力。

①搭平台提升学生学习能力：

课前：通过自主学习导纲，培养学生的自学能力；

课上：通过小组合作模式，培养沟通能力；

课下：通过分层作业，训练解题能力。

②重培养形成学优生团队：

资源库：为学优生提供配套的训练；

课外活动：给予学优生表现的空间；

参加比赛：激励学优生争创优异的成绩。

5.开发并充实学科资源库：日积月累，分门别类，使学科资源形成体系

学科资源库是教师之间学习和交流的平台，更是教研组和学科建设成果展示的不可或缺的组成部分。我们英语教研组教师根据英语学科的特点，规划出我们资源库的方案。

嘉铭分校初中英语组资源库包括六大方面：自主学习导纲、课堂导学案、精品课例、教师成果、学生活动、学科试题库。

资源库要求：分年级备课组完成题库的资源积累，项目齐全，题型丰富，注重质量。

资源库考核：根据完成情况分为优秀资源和合格资源（不合格重新整理）。

工作立项

工作立项	成果表述	负责人	教研组考评
“十二五”课题： 英语报刊在提升中学生读写能力中的价值研究 (2012年7月~2013年7月)	教案及反思；教学设计；总结报告；论文。	师海红及参加老师	完成课题申报；成果资料齐全；完成结题报告。
校本课程的开发 (2012年9月~2015年7月)	讲义编辑成册；学生活动资料。	各位课程申报老师	评选优秀校本课程
自主学习导纲 课堂导学案 (2012年9月~2015年7月)	编辑成册	备课组组长	优秀编写备课组
资源库的建设 (2012年9月~2015年7月)	分年级备课组完成题库的资源积累，项目齐全，题型丰富，注重质量。	备课组组长	优秀资源；合格资源。
教师专题讲座 (2012年9月~2015年7月)	各位老师自定题目；上交讲座文本；讲座影像资料。	备课组组长	

第五辑

学段习惯能力要点

第一节　语文学科学生学习习惯培养要素

第一学段

一年级

学习习惯指标点		培养措施	评价办法
课前	1.预习的习惯。 2.收集相应资料。 3.爱惜学习用品的习惯。	1.预习五步法（熟读课文，写下评价；标上小节号；根据字宝宝画下词语；读字宝宝及画下的词语；书空“描一描”）。 2.逐步能独立预习，完成预习单上的作业。 3.提出不懂的问题，尝试查资料解决。 4.小心使用，不乱扔，不故意损坏。	1.带着问题来学习。 2.随用随放，物品归类放置。 3.与德育部相结合，进行争星评比。
课中	1.认真听取别人讲话，学会提取相关信息。 2.养成卫生的习惯。 3.交流表达，主动、大方、声音洪亮地说出自己的想法。 4.质疑问难，有问题及时问，敢于提出问题，敢于发表不同见解。	1.听别人讲话时眼睛要注视对方，不随便打断别人的讲话，能掌握别人发言的重点。 2.读写姿势要端正，写字姿势正确：头正、身直、脚放平；写字做到“三个一”：一拳、一尺、一寸；大腿呈水平状态，两足着地。字体笔画清晰。 3.能够双眼注视老师，专心听老师讲课；认真听同学发言，中间不插嘴；没有听懂的地方能主动问老师或家长。 4.主动、大方、声音洪亮地说出自己的想法或意见。全神贯注，积极参与思考；大胆发表个人意见。多思、勤思，对不懂、不明白的问题能主动问老师。有想法能清楚地表达。	1.对别人的发言做评价。 2.连续看书一段时间后要休息一会儿，做到“两要两不要”。 3.积极思考，求异思维。 4.有疑问能大胆质疑。 5.坚持自己的见解，敢于大胆表现。

续表

学习习惯指标点		培养措施	评价办法
课后	1.科学安排时间的习惯。 2.课后复习的习惯。 3.每天阅读课外书。	1.该学学，该玩玩，抓紧完成学习任务。专时专用。 2.完成学习任务前先回顾所学的知识，整理复习后再开始。 3.按时完成书面、口头的学习任务，字体端正，态度认真。	1.学习时不用别人督促，能制定一个作息时间表。 2.注意新旧知识联系。 3.完成学习任务后自己检查。

二年级

学习习惯指标点		培养措施	评价办法
课前	1.预习习惯。 2.课前准备的习惯。	1.完成学习单的预习部分。 2.由班长提醒大家准备用具。	建立班级星级评价表，对完成任务的学生一律加星，未完成的进行“待加星”鼓励。
课中	1.培养专心听讲、积极发言的习惯。 2.培养学生认真倾听的习惯。 3.培养学生良好的书写习惯。	1.明确课堂学习的要求，讲解良好习惯的正确做法，树立课堂规范的榜样。 2.实行课堂小组监督，及时表扬并给予红星奖励。	结合学校德育处要求制定量化评价（加分获奖励奖章呈现在展示板上），并适时激励。由科任教师完成周评价和月评价，给予嘉铭星级晋级。
课后	1.培养学生按时认真完成学习任务的习惯。 2.培养学生自主检查学习任务的习惯。	1.进行完成学习任务的自我评价并自己划定等级。 2.明确自我检查要求。 3.及时关注教师评价并改正。	进行周学习效果评价和总结，在周评价表上进行展示，评选周明星和榜样人物，汇总进入月评价。

第二学段

三年级

学习习惯指标点		培养措施	评价办法
课前	1.养成认真预习的习惯： （1）能根据老师的要求或课后的提示预习课文。 （2）在预习时，随时记录学习中碰到的问题，养成质疑问	1.梳理并明确预习的步骤：读（朗读课文）、标（标出自然段）、圈（圈画生字、词语）、记（记录自己的疑问）、查（用工具书试着自己解决疑问），按照预习方法进行课文预习。	1.检查书上是否有预习的笔迹。 2.遇到疑问，是否先查工具书解决。

续表

学习习惯指标点		培养措施	评价办法
课前	题的习惯。 （3）养成静心阅读的习惯，能边读边思，随手写下自己的感受，在疑问处打上问号，能对课文中令自己有所触动的内容进行自我感受的简单记录。 2.常备工具书，在学习中遇到问题，要学会运用工具书帮助自己解决问题。	2.要求学生预习时遇到不认识的字必须查工具书。最常用的工具书为字典、词典，如《新华字典》《现代汉语词典》等，可以向学生推荐几种必备的工具书，培养学生勤查工具书的习惯。 3.鼓励孩子用心对待每一篇文章，认真研究每一个问题，这样才能把教材内化为自己的东西，真正地理解透彻。	3.课前问学生：你预习后知道了什么？不明白什么？了解学生预习程度，并根据学情安排自己的教学内容。 4.学生之间、小组之间进行评比。 5.上课时随机提问课文中的字音或者字义，检查学生预习情况。
课中	1.听——养成专心听讲的习惯。不仅要学会倾听老师的话，还要学会倾听同学的发言。眼睛要注视发言人，学会边听边想，能记住说话人的说话内容，能简单复述。上课时，逐步培养边听边记的习惯。 2.说——愿意与别人交流，养成说完整话、连贯话的习惯。注意倾听，养成先听完他人讲话，再发表自己想法的习惯。与别人交流时，举止大方、吐字清楚、声音洪亮。 3.读——朗读课文，要求字音准确、吐字清楚，能够有感情地朗读。能够逐步掌握默读的方法，在掌握默读方法的基础上，不断提高阅读速度和理解能力。	1.严格要求课堂常规，加强常规训练。 2.努力为学生创造发言的机会，鼓励学生大胆发表自己的意见。在学生发言时，要进行必要的指导。 3.采用多种形式指导学生朗读，激发学生朗读兴趣。 4."倾听"是一种艺术。本学期，我们无论在课堂中，还是在与学生的交谈中，都将有意识地训练学生的听力，使他们会听。让学生学会参与课堂讨论或交流，学会静心听取别人的发言，使他们达到充分理解，进而综合思维，流畅地表达自己的意见，最终达到互动协作、互相提高的目的。 5.要求学生在读书时要做到圈画生字词、写体会、做笔记的习惯，课堂上教给学生批注的方法，并进行反复练习。 6.关注学生写字姿势，时时纠正。"提笔即练字"，无论在作业本、练习本、书本、练习册上写字都要求学生一笔一	1.听讲是否符合课堂常规要求，能否按照老师的要求做好批注。 2.口语交际时能否跟同学一起讨论，发表自己的看法。 3.课堂上，能否有感情地朗读课文。 4.阅读训练中，是否能够熟练运用默读的方法，题目准确率是否高。在作业和测验中有"书写分"或者"卷面分"。 5.请学生评价别

续表

学习习惯指标点		培养措施	评价办法
课中	4.写——书写时注意写字姿势，不断改进不正确的书写姿势。静心写字，书写规范（字要一笔一画地写，笔画清晰，字不出格、出线）。养成良好的写字、识字习惯。 5.标——语文课上，按照老师的要求学习做批注。	画地写。在识字教学过程中，力求达到学生自己发现识字方法、识字规律，以及适合自己的识字方法，把点点滴滴的发现积累起来，逐步养成独立识字的能力，进而养成主动识字的习惯。 7.高标准要求学生的书写质量。	人的朗读、别人的发言。 6.教师不定期检查书上做笔记的痕迹。
课后	1.作业本格式正确，本面、本内干净、整洁。 2.养成及时、认真完成作业，及时改错的习惯。 3.抄写要认真，不丢字、落字、错字。 4.能在老师、家长的指导下，学会留心观察周围事物，学习写日记。 5.有兴趣读课外书，能积累一定的好词佳句。养成勤于朗读、背诵的习惯。 6.养成留心观察周围事物的习惯。	1.帮助学生明确作业本的正确使用格式。 2.严格要求学生的书写质量。 3.观察是启迪学生思维的最基本的途径。自然、社会、生活都是语文学习取之不尽、用之不竭的课程资源，要教给学生观察自然、社会，了解现实生活的方法，使学生留心自己的生活，仔细观察周围的人、事和景物，把看到的、听到的随时记下来，这对语文素养的形成起着很重要的作用。适当布置分层日记作业，激发记日记的兴趣。 4.鼓励学生多读课外书，争取每月看一本书，坚持天天晚上看书半小时的好习惯。目的是增加学生的知识，提高学生的语文素养。不断推选、推荐各种适合学生阅读的书刊，引导学生认真阅读，养成广泛的阅读兴趣，激励每个学生都养成课外阅读的习惯；同时我们会加强阅读方法的指导，教给学生精读、略读、浏览等方法。可进行读书交流会。 5.每节课拿出三分钟的时间让学生背诵，背诵的内容由教师从书中指出相应的段落。	1.作业能否按时完成，完成质量是否符合标准。 2.挑选优秀日记订成册子。 3.可利用班会课让阅读明星进行小讲座。 4.习作中能否恰当使用好词、好句。

四年级

学习习惯指标点		培养措施	评价办法
课前	1.预习的习惯。 2.自觉查阅资料、查阅词典的习惯。 3.不动笔墨不读书的习惯。 4.质疑问难的习惯。 5.善于观察与积累的习惯。	指导预习步骤： 第一步：初读感知（读通课文、圈出生字、画出词语、理解课文大意）。 第二步：再读课文（理清文章结构、查找相关资料）。 第三步：细读深究（带着问题细读课文，理解句子深刻含意，抓关键词进行批注）。 读、圈、查、画、抄、思。	1.自我评价、家长评价。 2.根据指标点，使家长人人心中有数，重视学生预习，把好学习第一关。
课中	1.专心听讲的习惯。 2.善于倾听、表达的习惯。 3.乐思善问的习惯。 4.课堂动笔的习惯。 5.与人合作的习惯。 6.注意朗读方法与技巧的培养、训练。	1.要专心，无论是听老师讲课，还是听同学发言，脑子里不想其他事。 2.要耐心，不随便插嘴，要听完别人的话才发表自己的意见。 3.要细心，当别人的发言有错时，要求学生学会评价，做到不重复他人的意见，自己的意见要建立在他人发言的基础上或者提出更新颖的想法。 4.敢说：非常自信地用普通话交谈。在交谈中能认真倾听，并能就不理解的地方向人请教，就不同的意见与人商讨。 5.能说：能清楚明白地讲述见闻并说出自己的感受和想法。能具体生动地讲述故事。 6.会说：能把握主要内容，简要转述他人的话。能用语言打动他人。 7.以小组合作探究的学习方式，带动全员。 8.大部分学生能够吐字清晰、声音洪亮，较准确地读文章。	1.能够做到"注目倾听"，安静地听取别人的发言，记录发言内容。 2.喜欢倾听，善于倾听，能借鉴前面同学的发言，在此基础上发言。同学互评，教师评价，师生监督，生生监督，树立榜样，加强相互间的学习与评价。 3.能够主动、大方地与人交流。交流时说完整话，清楚表述自己的想法、意见。 4.能准确、流利地朗读教材中的句、段、篇，读通与教材水平相近的课外文章。
课后	1.认真书写的习惯。 2.自查自改的习惯。 3.勤于阅读、自觉积累背诵的习惯。 4.留心生活，把握特点，进行表达。	1.在老师和家长的指导下，较有感情地朗读课文。 2.学生能够较细心地观察生活，有自己的发现、感受。 3.能够在老师、家长的指导下对自己的观察进行记录。自己看到、听到的内容，有自己的感受。 4.强化家校合作，使学生习惯养成从不自觉—自觉—自动化。	1.能够较细心地观察生活。能够较清楚地记录下自己看到、听到的内容，有自己的感受，有表达的愿望。 2.自我评价，家长评价。

五年级

学习习惯指标点		培养措施	评价办法
课前	课前预习。	1.在新课前，能够按照教师要求或者教材内容进行预习，了解大意，提出不懂的问题，简单批注。 2.把预习的内容落到笔头上，并进行订正。 3.能借助不同手段（语言、图画、批注等）理解题意。 4.在新课前，能够按照教师要求或者教材内容进行预习，了解大意，提出不懂的问题，简单批注。	1.通过课前学习单的反馈情况进行评价。 2.通过学生课上对课前预习反馈情况进行评价。
	查找、阅读有关资料。	课前能主动阅读有关资料。	
	提出问题。	能积极预习，提出问题，善于发现难点。	
	准备学具。	能在课前准备好所需物品。	
课中	专心听讲。	1.能够做到视听一致，安静听别人发言，听清楚老师的讲课内容和别人的发言内容。做到眼到、耳到、口到、心到。 2.基本记住内容。	1.老师评价：根据上课的听讲发言情况进行评价。 2.学生评价：通过小组讨论，班级汇报发言情况，学生进行评价。 3.自我评价，反思自己本节课的表现，根据不足和优势进行自评。
	积极参与讨论、发言。	1.积极思考、勇于发言，能大方地、声音洪亮地对他人发言表示赞同或给予补充。 2.能够提出不懂的问题，并且举手发言。 3.能够对提出的问题参与讨论，表达流利、有价值，每节课举手两次以上。	
	注重书写，做好课堂的笔记或标记。	1.写字时身子坐正，头摆正，两脚放平，两肩保持一致，做到“一拳、一尺、一寸”。 2.合理用笔，书写正确，字迹清晰。 3.笔记记录有重点，条理清楚。	
	能够与同伴进行交流合作。	1.能够友好地参与交流，遇到有不同意见的时候能够合作解决探讨。 2.能够用简单、准确、多样的评价语言进行评价交流。 3.尊重他人发言，共享学习成果。	
	有主动的探究意识。	1.学习方法要多样。可以借助工具书或者问家长、老师和同学。 2.遇到难点有勇于克服困难的决心和意志。	

续表

学习习惯指标点		培养措施	评价办法
课中	善于观察思考。	求知欲强，善于观察事物，捕捉事物的本质特征。	
	培养创新意识。	富有想象，敢于创新。	
	培养尝试能力。	喜欢从不同角度思考问题。	
	认真审题，学会收集有效信息。	1.能积极主动地从各种媒体中收集信息。 2.主动读题，全面、准确地提取信息。 3.自己独立圈阅重点词语和标点。 4.能借助不同手段（语言、图画、批注等）理解题意。	
	筛选信息。	1.根据学习需要，通过多种渠道主动查阅、筛选相关的资料，并且进行整理。 2.运用这些课外资料解决学习中的问题或者实际问题，对事物进行分析。 3.能够根据需要，将信息筛选、分类。	
	应用信息。	1.采用多种方法（文字、图画、批注等）随时记录下学习的轨迹。 2.形成书面材料。 3.把看到的、听到的、想到的记录下来。	
课后	独立按时完成作业。	先读题，再思考，最后完成作业。	1.作业评价：根据当天的课程、进行的作业及测试进行评价。 2.测试评价：对学生这一阶段的学习掌握情况进行评价。 3.家长评价：可以调动家长资源，对学生的家中学习进行评价。
	书写格式规范、整洁。	专心作业，书写规范，正确率高。	
	自我检查。	善于自我检查，发现错误及时纠正、反思。	
	小结、整理知识。	能积极主动地复习，对知识进行整理。	
	课外拓展。	不满足于课本学到的知识，课外阅读有意义的书籍。	
	反思提高。	能够自我反思、自我改正、自我评价。	

第二节　数学学科学生学习习惯培养要素

第一学段

一年级

学习习惯指标点		培养措施	评价办法
课前	1.培养课前认真准备的习惯。 2.培养学生良好的课前预习习惯。	1.每天晚上都要按课程表提前准备好第二天要用的书本、削好的铅笔等学习用品。 2.每一节课前应把书本摆放整齐。 3.上课铃响立即进教室准备好上课的学习用品，安静地等老师上课。 4.指导学生做到课前提前预习课程，每天在上课前都要自己先认真看看将要学习的课程。	家校结合，及时评价，开展争星活动，盖小印章。
课中	1.培养认真倾听的习惯。 2.培养学生积极表达的习惯。 3.培养学生积极思考、合作交流的习惯。 4.培养学生质疑的习惯。 5.培养学生课上认真独立及时完成学习任务的习惯。	1.听别人讲话时眼睛要注视对方，不随便打断别人的讲话，能掌握别人发言的重点。 2.课上积极回答问题，声音洪亮，学习用数学语言完整地表达意思。 3.课堂上全神贯注，积极参与思考。在小组合作交流中，大胆发表个人意见。 4.多思、勤思，对不懂、不明白的问题能主动问老师。 5.课上重视学生养成正确的书写姿势。教育学生要认真审题、规范书写、细心演算、检验改错。	1.口头表扬。 2.运用评价语言： ①比比谁听得最认真！ ②听听他说的跟你是不是一样。 3.设计小组评价卡，组内成员互评，开展谁的发言星最多的活动。

续表

学习习惯指标点		培养措施	评价办法
课后	培养学生课后复习的习惯。	注意与家长配合，每天让孩子讲一讲当天在校内学习到的知识，做到及时复习，加深对所学内容的理解和记忆，提高学习质量。	开展“我是小老师”活动，设计一个评价表格，家校配合及时评价。

二年级

学习习惯指标点		培养措施	评价办法
课前	1.预习的习惯。 2.课前准备的习惯。（能在课前收集资料）	开始是由教师带领孩子们共同完成，一段时间后教师提要求学生自行完成。	结合学校德育处要求制定量化评价（加分获奖励奖章呈现在展示板上），并适时激励。
课中	1.专心听讲、积极发言的习惯。 2.培养学生认真审题的习惯。 3.养成良好的书写习惯。 4.能主动质疑问难。	1.课上及时展开明理教育，培养孩子专心听讲、积极发言的习惯。 2.提出明确的规范要求。 3.课上及时评价，促进习惯的养成。	结合学校德育处要求制定量化评价（加分获奖励奖章呈现在展示板上），并适时激励。适时地给予物质奖励。
课后	自主复习的习惯。	家校配合，让孩子讲一讲当天在校内学习到的知识，及时复习，加深对所学内容的理解和记忆。	结合学校德育处要求制定量化评价（加分获奖励奖章呈现在展示板上），并适时激励。适时地给予物质奖励。

第二学段

三年级

学习习惯指标点		培养措施	评价办法
课前	养成课前准备习惯，不迟到，学习用品放在指定位置。	1.课前要自觉准备好学习用具：课本、草稿本、学具盒，最好还要备有铅笔、作业本、练习册。 2.课前还要调整好上课的状态，对学生提出明确要求，并进行训练。	组长检查评分。
	适当进行预习。	1.对要学的内容，认真研读，理解并应用预习提示。 2.进行学习，对有关问题加以认真思考，把不懂的问题做好标记，以便课上有重点地去听、去学、去练；指导学生运用恰当的预习方法。	教师周周总结、周周表彰。
课中	1.认真听讲、独立思考的习惯。 2.积极举手回答问题，大声发言。 3.倾听发言交流互动。 4.数学中认真观察、敢于质疑的习惯。 5.协作研讨的学习习惯。 6.能用完整的话发言的习惯。	1.给学生独立思考的时间和空间，并且及时表扬优秀的同学，树立榜样。 2.集中精力倾听别人发言，要求学生注视着老师的眼睛和动作，当老师在黑板上写字的时候，学生应该看着黑板，当某同学在发言或汇报的时候，其他同学应当仔细听。 3.课堂上让每个学生都有说出自己想法的机会， 可利用合作学习、小组讨论、动手操作等多种方法，或在老师的指导下，让一些性格内向、不愿在大庭广众之下提出问题的学生，也有独立思考、提出问题的机会，并且要求学生大声发言。 4.鼓励孩子好奇、好问的天性，质疑是问题解决的第一步，是创新的基础，善于质疑的人善于发现问题。 5.要引导学生团结协作、相互配合，合作完成学习任务。善于帮助别人，也要善于向别人学习，通过协作研讨，使自己在叙述、解释、验证事实、解决矛盾等方面调整看法，实现对知识的科学建构。 6.要求学生集体回答老师的提问时，不必高声回答，只要能说给自己听到即可，但必须简洁明了。对于学生的单独发言要求流畅、连贯、完整，说话有头有尾，语速不快不慢，语调抑扬顿挫，声音洪亮，吐字清晰有力。	1.全班进行争星评价，教师根据学生上课表现进行奖励贴星。每组每周评选出一个好习惯之星。 2.及时表扬认真听讲的同学。 3.纳入常规评比加分，对于敢于提出质疑的同学给予肯定并加分。 4.评选小组长，组长给组员合作交流情况记分，及时表扬讲话完整的同学，让动手快、成功的孩子得到展示。

续表

学习习惯指标点		培养措施	评价办法
课中	7.勤于动手的习惯。	7.课堂上经常涉及动手活动，勤于动手是学生学习过程中的一个十分重要的习惯。在数学学习中动手能力与思维能力同样是非常重要的，只有在动手训练和操作的过程中，才能做到知行统一、手脑并用，周密性和严密性才能得到充分加强。	
课后	培养学生认真完成作业的习惯。	作业题要认真设计，数量要少，质量要好。	班级指定作业评比标准。
	主动改错，及时找老师改作业。	要求学生不急于写下次的作业，一定要今日事今日毕，凡是积极改错的同学，依然可以按照全对给予打分，奖励。	每周教师指导学生对照“标准”自评、互评。
	1.作业本保持干净整洁，不撕页、不折角、不乱画。 2.课后复习。	1.解题的要求要高。由于题量少，学生不会感到有负担，就乐于开动脑筋认真完成。 2.指导学生课后一定要先对每一节课所学内容进行认真的复习，归纳知识要点，找出知识之间的联系，明确新旧知识之间的关系，思考解决问题的方法。	
	认真阅读数学课本的习惯。	注意引导学生阅读例题，弄清术语，理解关键词语；学生发生了错误，引导学生从课本的概念中去找根子，从而领悟到认真看书的必要性，培养阅读课本的兴趣。每个学生都准备一个小本本，指导做记录和摘录整理所学知识，便于随时阅读。如对各种法则、定律、概念、公式、进率等基础知识的整理摘录，养成自觉阅读数学课本的习惯。	适时留开放性作业，并对质量高的作业进行表扬。
	1.科学安排时间的习惯。 2.反思的习惯。	1.要科学安排学习、劳动、娱乐、锻炼、交往等活动。要制订活动计划，安排活动时间：包括每天的阶段性安排，每周的较大活动安排，考试复习和双休日、寒暑假的专题安排等。做到该学学、该玩玩，该学习时不用别人督促主动学习，该活动时快快乐乐地去活动，培养学生对自己作业认真负责的意识。 2.一般情况下，学生表现粗心的地方，大都是问题当中要求细密的地方，有意识地让学生对那些细密之处和容易出错的问题进行反思，能够帮助学生深入理解问题，有利于引起对细微之处的注意。经常反思的人，一定更加细心， 思维能力一定会不断提高，考虑问题一定更加周密，解决问题的经验也会渐渐丰富。	学生出的试卷由同学互做并评出质量高的试卷进行表扬、加分。

四年级

学习习惯指标点		培养措施	评价办法
课前	1.课前预习。 2.试做练习。	1.课前预习，以看懂课本例题为主，提高学生对所学新例题的理解性，遇到不懂的问题做好标记，在课上能够关注知识的难点，提高学习新知识的效率。 2.课前练习以例题后的练习为主，突出动笔做，减少学生眼高手低的普遍问题。	根据学习单课前预习内容的完成情况进行预习评价。
课中	1.认真倾听。 2.善于交流。 3.质疑问难。 4.良好计算。	1.教师特别关注听课效率低的学生，在课上对其进行多提问、点评，课上以全班表扬激励为主，课后以单独点评为辅。 2.日常交流，同桌、小组合作等形式。 3.敢于表达自己的见解。 4.培养学生良好的计算习惯，持之以恒。	1.及时表扬认真听讲的同学。 2.对于敢于提出质疑的同学给予肯定并加分。
课后	课后复习	1.及时复习功课，加深对所学内容的理解和记忆，提高学习质量。 2.认真独立完成作业，书写规范，按时上交，及时更正。 3.养成正确的写字和握笔姿势，掌握正确的写字规则和方法，书写规范、工整。 4.边读边思考，敢于质问，不懂的地方向他人请教或查阅解决。	1.能够按时按量完成作业的同学及时鼓励。 2.对作业质量高的同学累积后颁发奖励。

五年级

学习习惯指标点		培养措施	评价办法
课前	1.课前预习习惯。 2.尝试练习，完成前测题目。	1.课前按老师要求进行有效预习，提高学生学习新知识的目的性和针对性，把不懂的问题做好标记，以便在课上主动针对自己不足重点听课。 2.完成教师前测题目，把教师的学情调研与学生的预习有效结合，为学习新课打好基础。	根据教师提供的学习单完成课前预习内容，把教师的学情调研与学生的预习有效结合，利用课上学生汇报，及时进行评价、评比，培养学生预习兴趣，养成良好的预习习惯。

续表

学习习惯指标点		培养措施	评价办法
课中	1.养成认真听讲、主动探究的习惯。 2.养成课上“四会”，即会听、看、想、说的习惯。 3.培养学生学会合作学习。	1.认真听讲、主动探究：一是引导课堂上集中精力，聚精会神地倾听老师的点拨、引导，抓住新旧知识之间的联系，结合自己预习中遇到的难点，开动脑筋，积极主动地去获取知识，弄清知识的来龙去脉。二是要引导学生认真倾听其他同学的发言，对他人的观点、回答做出评价和必要的补充。 2.“四会”中会说是突破口，语言是思维的外壳，要说就得去想，两者相互促进，促进孩子多想、多说。要会想，就要认真听，细心看，多角度思考。抓住“会说”促进其他“三会”。在说的时候，引导学生说出是“怎样想的”，要求学生知其然。比如训练孩子运用准确的数学语言说出图意，从书中的一幅图说出多种意思等提高学生口头表达能力。同时，鼓励学生大胆质疑，进而促进学生分析能力、思维能力。 3.在合作学习过程中，要积极参与，表达自己的观点和见解；要尊重同学，学会倾听同学的发言，公正评判同学的观点；还要善于帮助同学，接受同学的意见。	1.结合学校德育“评星活动”，课堂上结合学生的表现及时进行过程性评价，及时鼓励学生会听、敢想、敢说的良好学习习惯。 2.对于学困生要用“放大镜”来及时发现这些孩子的长处，及时鼓励、表扬，提高他们学习数学的兴趣。 3.从学生的兴趣出发进行教学。及时表扬认真听讲的同学。对于敢于提出质疑的同学给予肯定并加分。
课后	1.独立按时完成作业的习惯。 2.课后复习习惯。 3.注重学会对单元知识进行梳理、进行学习反思的习惯。	1.作业是吸收和消化知识、应用知识的重要手段，也是巩固所学知识、检查学习效果和了解学习状况的重要手段。要引导学生独立思考、独立操作，实在不能解决再和他人展开讨论，打开解题思路；不能偷看或抄袭他人作业，不能有依赖教师、家长的思想，充分认识独立完成作业的重要性与必要性，从思想上端正作业态度，在作业中还要养成规范书写、认真审题的良好学习习惯。 2.复习以当天教的内容为主，家校协作，家长可以让孩子用尝试的记忆方法，把当天的课堂学习知识告诉家长，适当强调一些要记的知识。每个周末再进行一周回顾。也可以让孩子课后读书，及时对刚学过的知识进行复习，让学生能够体会到生活中处处有数学。 3.能够在老师的引导下总结重点并出单元自主检测试卷。	1.家校协作开展评星活动，展开独立完成作业评比、优秀作业展等，并进行评价。 2.借助学习单对课后复习开展评价。 3.学生出的试卷由同学互做并评出质量高的试卷，表扬加分。

第三节　英语学科学生学习习惯培养要素

第一学段

一年级

学习习惯指标点		培养措施	评价办法
课前	1.课前预习。 2.课前准备。	1.课前能在家长的帮助下听录音，并能尝试跟读课文和单词。 2.能整理好桌面、摆好用具，坐在座位上安静等待上课。	1.学习单上达到要求家长签字，教师下发学习星。 2.整理好桌面、摆好用具并安静等待上课者下发自立星。 3.定期评比出星星人数最多的学生，发奖状。
课中	1.课中听讲。 2.课中发言。 3.课中书写。	1.能认真倾听教师和其他同学的发言。 2.能大胆模仿课文和单词的发音。 3.认识四线格，在书写前认真观察字形，书写时减少修改次数。	1.课上进行小组评比，获胜小组下发学习星。 2.没有获胜的小组选出优秀个人下发学习星。 3.对听讲、发言和书写突出的学生单独下发奖状。 4.定期进行书法展示。
课后	1.课后复习。 2.课后作业。	1.课后能在家长的帮助下自觉听录音，及时复习所学课文。 2.能及时主动完成作业。书写工整，少涂改。	1.学习单上达到要求家长签字，教师下发学习星。 2.作业工整者盖学习章，定期进行作业展示，评选作业标兵。

二年级

学习习惯指标点		培养措施	评价办法
课前	1.旧知回顾。 2.新知预习。	1.学生能够在家长的协助下，背诵课文和默写单词。 2.学生能够认真地完成导学案中课前预习的内容,包括听录音读课文、单词预习。	1.利用课上2~5分钟的时间，进行单词听写，课文背诵检查。评出"单词巨人""背诵小能手"等。 2.教师亲自监控课前学案的完成情况，并下发学习星。
课中	1.倾听他人。 2.指读课文。 3.拼读单词。 4.英文书写。	1.学生能够认真倾听教师的授课内容，尽量学会倾听其他同学发言内容。 2.学生能够指读课文，并且在指读课文过程中试着认读单词。 3.通过积累字母组合的发音，自己试着拼读生单词。 4.学生在老师指导下能够按照书写要求，抄写单词、词组及句子。	1.开展课堂活动评价方案，按组进行评价,其中包括课堂发言倾听情况、指读并大声朗读课文情况。课后，根据评分进行奖励。 2.每节课安排2个以上新单词的拼读练习。内容结合元音字母的发音、字母组合来设计。 3.根据学生书写情况，进行评价并下发英语书写星。
课后	1.课后作业。 2.课后复习。	1.学生课后能够按照作业要求，高质量地完成作业。 2.在家长协助指导下，进行当天知识的复习。内容包括课文听录音背诵、单词听写等。	1.每天作业家长签字。 2.对于高质量完成作业的同学给予表扬和下发作业星。 3. 每天安排课堂听写内容，并对成绩好的学生下发学习星。

第二学段

三年级

学习习惯指标点		培养措施	评价办法
课前	1.课前预习。 2.课前准备。	1.课前能按要求听录音，自己朗读课文和词汇。 2.能迅速摆好本课要用的书本，坐在座位上安静等待上课。	1.学习单上达到要求进行自我评价和同学互评，教师下发学习星或短信表扬通告家长。 2.迅速摆好书本，并安静等待上课者下发自立星。 3.定期评比出星星人数最多的学生，进行奖励。

续表

学习习惯指标点		培养措施	评价办法
课中	1.课中听讲。 2.课中发言。 3.课中书写。	1.能认真倾听并理解教师和其他同学的发言，有能力的同学可举手补充。 2.能理解视听材料的内容并能回答相应的问题。 3.能规范书写单词、词组和简单句子，占格标准，间隔清晰，字母统一。	1.课上进行小组评比，获胜小组在课本上盖章奖励。 2.没有获胜的小组选出优秀个人下发学习星。 3.对听讲、发言和书写突出的学生单独下发奖状。 4.定期用投影进行优秀作品展示并公布姓名，不规范书写展示但不公布姓名，仅作警示。
课后	1.课后复习。 2.课后作业。	1.课后能自觉听录音复习背诵课文和单词。 2.能主动有效率地完成作业，书写有一定速度。	1.学习单上达到要求家长签字，达到一定数量的自觉学习者，教师下发学习星。 2.作业工整者盖章奖励，定期进行作业展示。评选作业标兵，将作业上传到班级邮箱展览。

四年级

学习习惯指标点	培养措施	评价办法
听：能够提前听英语课文故事，做到基本能够初读对话。 预习：简单理解对话主题和含义。	每天布置听力作业，从时间和遍数上保证听力作业的完成。	课前组长检查作业，奖励小红花。
说：就课文内容回答和提出问题，深入理解课文对话。 演：有创造性地表演故事和会话。 思维：初步具有英语思维，能够用英语思考问题和做事情。	教师问答检查学生课文掌握情况。 小组活动培养表演技能和创造性思维。	教师评价和小组活动相结合。
背诵：能够熟练背诵课文。 写：默写“四会”单词和核心句型，能够仿写句子。喜欢并尝试书写简短小文章。	布置家庭作业，定期鼓励学生制作手抄报和英文杂志，鼓励学生运用单词和句型书写短文。	定期评选优秀和有创意的作品，开展“单词自查小测验评优”等活动。

五年级

学习习惯指标点		培养措施	评价办法
课前	课前，学生自觉地进行课文及单词的预习。	在新课教授前能听录音，尝试自己朗读，学习词汇。	根据家长签字给予评分奖励，期末累积加分评奖。
课中	听：要求学生能够根据所听课文内容回答相关提问。 说：要求学生能够根据课文内容复述课文。 读：要求学生能够根据课文内容进行对话练习。 写：要求学生根据发音规则拼写所学单词。	1.能够听懂课文内容。 2.能够简单复述所学课文。 3.能够准确地有感情地朗读课文并进行情景对话。 4.能够根据发音规则拼写所学单词。	小组之间进行“good, better, best”的评比，选出得分最高的组加分，期末累积加分评奖。
课后	1.能够默写重点句，并能根据每单元的主题写出小作文。 2.能够背诵每课对话，养成背诵习惯。 3.能够根据发音规则拼读单词，并能够根据发音辨析单词发音。	1.进行默写练习。 2.家长根据学生背诵情况签字。 3.进行学习单课堂练习检测。	1.学习单上达到要求，家长签字。 2.根据家长签字反映学生背诵情况给予评分奖励，期末累积加分评奖。

附 录

拆掉学生成长的围墙

——北京陈经纶中学嘉铭分校课改实录

褚清源

在北京市朝阳区，陈经纶中学是具有标志意义的教育符号。学校“德字为先”，实实在在做德育的改革实践，历久而弥新，把朝阳教育带向了一个高度。于2003年创建的嘉铭分校则站在巨人的肩膀上，以“九年四段”改革为切入点，拆掉学生成长的围墙，打通学生发展的通道，顺势崛起，开辟了嘉铭分校发展的新秩序。

当“九年一贯制”办学呈新一轮发展态势时，我们一直在关注争议“九年一贯制”办学到底利大于弊，还是弊大于利，嘉铭分校却以系统的顶层设计和扎实的执行落实交出了一份满意的答卷。

单纯为做大规模和为了保证生源而做形式上的“九年一贯制”学校，无谓地浪费了“九年一贯制”的优势，等同于小学和中学的并列办学。小学和初中之间的衔接不仅仅是简单的合并对接，更重要的是教育教学理念的无缝对接。“做实在的德育，做简单的教学”是嘉铭分校在拆掉学生成长围墙过程中恪守的教育理念。在学生成长的领地，我们把发言的权利、探究的权利、犯错误的权利归还学生，帮助学生建立尊重老师、学习老师、质疑老师、超越老师的学习观，给每一名在这里生活过的孩子身上打下了“我学、我想、我做、我创、我行”的嘉铭烙印。

“九年四段”无痕衔接

按照学校“九年四段”的标准化解读，“九年四段”无痕衔接办学模式，是在坚持义务教育“九年一贯制”整体育人目标基础上，结合学生身心发展规律及学校办学实际，有针对性地将九年义务教育划分为四个学段：第一学段（一至二年级），第二学段（三至五年级），第三学段（六至七年级），第四学段（八至九年级）。对学生的发展进行整体规划，分阶段实施，加强教育的衔接，并重点对教育目标、教学方式、教育评价的无痕衔接的设计，让素质教育落地生根，实现真正意义上的“以学生为本”。

这样的划分源自瑞士心理学家皮亚杰的认知发展阶段理论。皮亚杰将儿童和青少年的认知发展划分为四个阶段：感知运动阶段（出生到2岁）、前运算阶段（2～7岁）、具体运算阶段（7～10岁）和形式运算阶段（10岁到成人）。皮亚杰认为：所有的儿童都会依次经历这四个阶段，新的心智能力的出现是每个新阶段人们能够以更为复杂的方式来理解世界的到来为标志；虽然不同的儿童以不同的发展速度经历这几个阶段，但是都不可能跳过某一个发展阶段。同一个个体或许能同时进行不同阶段的活动，这明显地表现于从一个阶段进入一个新的阶段的转折时期。

嘉铭分校首先建构了“九年四段”德行教育课程体系。学校把德行规范和德行发展目标相结合，通过学段德行实践活动，落实学段德行培养目标，通过长短课相结合，校内与校外相融合，使紧张与宽松相生，使教育具有了延展性。

为落实学段德行培养目标和学科能力培养目标，他们进行统一规划，打造嘉铭分校学段教学特色，比如实行相应的作息时间，长短课相结合，紧张与宽松相生；在统一的管理和发展目标之下，配备不同学段的活动和文化；凸显各学段知识建构、言行举止、能力素养的不同培养特点——

第一学段：培养自理能力，养成良好生活、礼仪习惯，了解各学科学习方法和特点，培养学习兴趣，认识学习的多样性段。

第二学段：培养良好学习习惯，通过优化课堂模式和小组合作学习方式落实预习、思考、自主、拓展、探究、合作习惯和能力培养。

第三学段：抓好衔接教育，在良好学习习惯基础上形成学习的认知习惯、态度、方法，树立自我发展信心，确立学习目标。

第四学段：进行人生教育，培养独立的生活能力和学习习惯，明确学习态度和目标。

在课程整合上，嘉铭分校通过对国家课程的整合，寻找其知识之间的衔接性和连续性，在一至九年级形成一个有序的链条，通过各学科知识点在不同学段的不同要求，使其成为一个体系。

“九年四段”课程建设推进了国家课程和校本课程的统一，即校本课程融入并渗入国家课程，使国家课程更丰富并突出学段的连续性，实现有效互补，凸显学科对学生能力培养的可持续、可发展优势。比如《嘉铭科学教程》，第一学段没有科学课，学校为了对学生进行科学知识普及，每周举办一节科学讲座——“走近科学”；第二学段的科学课，保证每周一次走进实验室；第三学段科学和物理、化学、生物融合，保证学生每周一节科学实验；第四学段依托物理、化学实验，让“人人动手”成为学科教学的重要内容。

“九年一贯制”学校对不同学段的学生进行整体设计、分段操作，为学生的最优发展提供了可能。李升华说：“这样的办学模式变过去单一侧重中小学教学内容、方法与手段的阶段性，为现在的在新课标要求下既重视中小学教学内容、方法与手段的阶段性又注重其连续性；变比较单一的环境适应式的衔接教育为包括学科教学的环境设计、学生学习活动的安排、学生良好学习习惯的训练与培养等多元调试式的衔接教育；变短期衔接教育行为为小学阶段全程启动的调试式衔接教育，实施效果显著。”

课堂之问

在2010年期末教学总结会上，李升华出示了这样一张照片：时间为2010年12月27

日19:31，窗外路灯点点，窗内灯火通明，老师在辅导学生……

她打出这张照片意在引起大家对已经取得的优异成绩的反思。“我们目前取得的成绩靠的是什么？我们是不是在用精力和体力换取学生的成绩？”李升华继续把思考引向深入——“嘉铭分校的可持续发展力究竟在哪儿？嘉铭分校有没有具有校本特色的教学思考？我们有没有抓住教学中最具有核心价值的东西？”

课堂一直是李升华思考最多的工作。她与她的教学研究团队展开了深入探讨：嘉铭分校36个教学班每天发生的228节课，它们之间有没有共性的东西？40分钟教学过程最具实用价值和最具效益的环节是什么？让学生学会需要从哪些环节着手？教学中能不能抓住核心环节让青年教师迅速成长，进而达到规范？中年教师能否控制一下原有的教学惯性，由必然王国走向教学的自由王国，而老教师则可以在课堂规范之下做自由发挥？我们的教学研讨是关注教师怎么把学生教会，还是真正落实在了学生怎么学会？

这一系列的追问，让嘉铭分校课堂改革的路径逐渐清晰。他们确定的思路是“优化课堂”。“我们对‘优化课堂’的定位是：教学目标的最优化，教学流程的最优化，教师指导的最优化，学生主体参与的最优化，学习效果的最优化。”李升华说。

李升华认为，教学中最具发展力的东西是学生的激情和动力。

在此背景下，他们确立了科学、简约、有效的课堂环节。“我们只是集中了全体教师施教过程中最精彩、精致的环节，集中了每位教师最科学、有效的策略，并通过重组、整合和再加工，逐渐形成的。”李升华说，“优化整合不是简单叠加和删减，而是基于嘉铭校情和学情选择生成的课堂环节。现在再来看我们的教学模式，与很多理论和建模思想是相吻合的。”

当很多人在怀疑课堂教学是否需要一个模式的时候，李升华给予了及时回应。在她看来，模式是一个可操作性的参考框架，体现课堂不同行为之间出现的逻辑链接。“我们不能把鲜活的课堂模式化，但是教学需要模式，因为教学的各个环节在构成一定的逻辑联系的时候，也就在呈现着不同的模式。”李升华说。

做简单的教学

立足学生学习能力提升，围绕陈经纶中学校长张德庆“教法即学法”的理念，嘉铭分校确立了一切以学生和学生的学为中心的教学策略。他们的“课前三问、课中三看、课后三思”成了教学教研中的流行语。所谓课前三问：一问目标——学生学到了什么；二问设计——学生怎么学；三问效果——怎么知道学生学会了。课中三看：一看学生主体参与度，二看学生思维的广度、长度与深度，三看学习成果展示真实度。课后三思：一思学生和教师的快乐指数，二思学生对本节课的掌握度，三思教学中存在的问题及改进方案。

这种简单教学模式有一个重要的组织载体就是新型的学习小组。小组合作成为课堂最基本的学习方式，嘉铭高中低三人精细化、自主合作学习小组抓住了学生学力提升的生成点和教师优化课堂的落脚点。

在这种简单的教学模式框架下，嘉铭分校各学科通过课堂优化都形成了能彰显各自特点的学科教学模式群。语文学科推出了四步教学法，并探索了教读课、自读课和文言课课型模式，体现了充分的探究性、广泛的交互性和高度的开放性特点；数学学科形成了法则课、定理课和专题课课型模式；英语学科则依据多元智能理论，结合英语学科应用性、新异性、记忆性、人文性学科特点，分为听说课、课内阅读课、报刊阅读课、写作课课型模式；理化生学科则形成了学案引领、思维创新模式。值得关注的是，理化生学科的课堂上，课前通过导纲学生自测学习效果，学生带着问题进入课堂，通过分层探究，提升学生思维的长度、深度和品质。他们独创的高中低三人合作小组模式，是理化生组的课堂特色。

对课堂的优化还体现在资源的优化上。没有适合的教学资源，就没有优化的课堂教学。学习资源的优化实质就是学习内容的优化。嘉铭分校在教学改革中重点关注国家课程教材的二次开发，加强学校课程资源建设。“课堂同步导学案”的编写是教学资源优化的显性成果。“课堂同步导学案”编写要遵循的基本原则是：主体性、导学性、探究性、层次性、开放性、创新性和实践性。对学案编写要求明确学习目标、凸显教学重点、破解教学难点、提供学生能力提升的“支撑点”、激发学生主体意识的“兴奋点”。

“我们试图通过这种模式改变教学中存在的‘关注双基到位，但能力培养欠缺，学生自主学习的习惯和学科学习习惯欠缺’的问题。”李升华说。

如今，走进嘉铭分校的教室，这里所呈现的是精彩设疑的问题课堂，激情奔放的情感课堂，教学相长的实效课堂，展示课题方向的研究课堂，给学生发展提供最大的空间；这里的课堂充分给予了学生交流、展示的机会，学生的学习能力、实践能力、创新意识得到了有效提升，一种积极探索、和谐融洽、平等互尊的师生关系也由此逐渐建立起来。

三分教学，七分管理

表面上看，课堂改革是模式、资源的优化，实际上，课堂结构和模式变化的背后有重要的制度和管理作保障，正所谓“三分教学，七分管理”。

在嘉铭分校的教研组和年级组的管理中，学校强化一个团队建设理念：“没有谁是对的，只有什么是对的；没有谁是最重要的，但是每一个人又都是不可或缺的”；明确两条工作主线：以课堂为主渠道，落实课程标准，注重课程建设，尤其是通过学习单，有效补充课程资源，体现国家课程校本化；以教研活动为主平台，突出校本教研专题化，注重学科建设。

为使一线教师能快速掌握新的课堂教学方法，学校推出了一系列活动。比如中学部立足课堂制订了提升嘉铭课堂教学的“三步走”策略。第一步为常态课堂教学问题诊断。第二步是优化课堂“同课异构”展示课。第三步专家引领、总结提升。教研组通过找问题、想对策、提建议，从而达到课堂教学的优化。在不断的研磨中逐步形成了以“多人上一课”“一周一课多人研”“引领开放课”为主的研究课。

第四学段则围绕“精致管理”的理念，在常规管理中为教师做“减法”：精简书写材料的上交；精简了常规的检查。同时也为学生做“减法”：严格控制学生的作业量，不使学生因为陷在作业堆里而丧失对作业应有的良好情绪，降低学习兴趣。教学部研发了网上作业问卷调查系统，对于周末及本周各科的作业量，由学生或家长无记名填写，并且规定，每天有一科不留作业，同时，设立无作业日，每周五为无作业日，给学生提供反思与提升的机会。通过作业量的调控，教师对科学布置作业的三度达成了共识。作业不再成为嘉铭分校九年级学生的负担，而是成为优质常态教学、减负提质的支撑。

负担减轻了，学习的生产力自然得到了解放。

李升华说："为什么嘉铭分校这几年的教学质量一直处于较高水平？很重要的一点就是在课堂上解放了学生的学习力。"她系统概括了"优化课堂"教学突出的特点：一是抓住了提高教学质量的"最见效的因素"——学生主体参与度，并把它作为主要的评价标准，提升了学生的学习力；二是体现了"习惯奠基，学法支撑，教学促进"的师生观念；三是践行了"依托学科研究，推出普适性的教学模式；依托教学管理策略，抓实常态课的教学质量"的教学提升策略。

"让每一个教师都优秀，让每一节课都精彩"是嘉铭教师幸福的第一要则。优化课堂作为优势重组、注重效率的课堂模式，使学生充分感受到获得知识的幸福。

在"九年四段"办学模式统领下，无论是课程整合还是课堂优化，嘉铭分校每一次的谋变都是为了打通学生全面成长的通道，让学生"学得踏实，玩得尽兴，行得方正，说得高雅"。"我们一直在路上！"李升华说，"我们一直以张德庆校长对经纶学子全面发展的形象描述为目标：让每个学生戴着健康的王冠，睁着理性的双眼，装上知识的马达，挺起自信的胸膛，插上科技和艺术的翅膀，扬起理想的风帆，走向社会，走向世界。"

（载于2014年10月29日《中国教师报》）

后　记

不积跬步无以至千里，嘉铭分校兴办十二年，集腋成裘，集溪成川，尤其是近几年，以办学的雄厚实力成为享誉北京市，引领朝阳教育的优质学校。其源于学校对“九年一贯制”办学的成熟思考：以“九年四段”学段划分实现中小学衔接和学生知识和能力的渐进提升，在潜移默化中让学生有情感的认同和行为的自律，得到和谐发展。

一个学校的发展，一定有她深邃的思想，整体的谋划，务实的作风，不断的革新，嘉铭分校作为陈经纶中学兴办的第一所“九年一贯制”分校，在学校发展过程中，她把握了基础教育最核心的内容：夯实发展根基，把握发展方向，储备发展实力，在教育教学改革过程中，进行了“‘九年四段’课堂优化”的有效探索，不断完善“‘九年四段’德行教育”课程体系，学校做了很多有效的尝试和实践，在这过程中，基础教育的根本一直是嘉铭分校用心呵护和精致落实的，并通过学段管理、学段课程让它的形式多元、内涵丰富、外延拓展，这也成就了嘉铭精彩的教育。

教育就是帮孩子找到师傅，找到他敬佩的人，找到生命的意义，嘉铭分校在发展过程中，首先关注了教师的专业水平和专业素养的提升，学校有这样一个理念：以教师的发展促进学生的发展，以学生的发展检验教师的发展。

面向所有人的教育，对学校来说是一种使命，是一种理念，是一种水平；对教师来说是一种境界，是一种道德，是一种教育能力。嘉铭分校的“九年四段”管理，关注到了不同学段学生不同的认知水平、能力水平和心智水平，关注到了从低端到高端的衔接问题，从有利于学生的角度进行课程设置和编排，进行教育管理和教学模式的创新，促进了全体学生的发展。

每一位教育者都应关注其最终目标并付诸行动，学校有自主发展的学生，才有自主发展的民族性格和民族精神，用这样的观念看问题，学生的自主学习不仅是提高学习效率和学习质量的要求，而且是铸造自主民族性格的要求。嘉铭分校“九年四段”的探索和实践，特别重视学生的自主学习、合作共赢、牵手成长、共荣共生，尤其是对培养有德行的社会人的实践，更是走在了基础教育的前列。

2012年，嘉铭分校率先把书法课和形体课纳入学校课表并在全校推广；2013年，开始实践“全学科阅读主导教学方式”“学科回归、学科融合”的教学改革；2014年，嘉铭分校编写完成“学段实验教程”“学段实践课程”系列丛书，学科实践和实验进入全学段教学过程中。嘉铭分校的快速、稳定的持续发展以及积淀、彰显的发展潜力得益于与国家教育改革一脉相承，并且快速并轨。

我们感慨于嘉铭分校根植教育本质的思考和敢为人先的实践，欣喜于一所社区学校的蓬勃兴起和示范引领。教育需要这样的情怀和实践，需要这样的担当和责任。

用教育实践生命的价值，用教育诠释生命的意义，期待嘉铭分校更有价值的思考和探索，祝愿嘉铭分校有更美好的未来。

北京市陈经纶教育集团校长　张德庆